Roches et minéraux

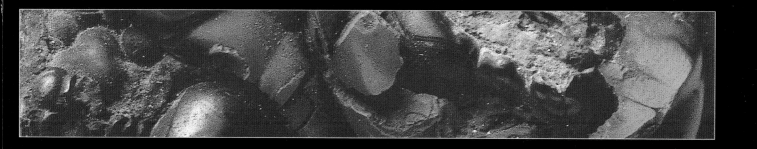

Un livre Dorling Kindersley
www.dk.com

Pour l'édition originale

Auteur John Farndon
Édition Nigel Ritchie, Clare Lister
Responsable éditoriale Linda Esposito
Directeurs éditoriaux Andrew Macintyre, Caroline Buckingham
Conseillers Steve Laurie, Sedgwick Museum,
département des sciences de la Terre, université de Cambridge

Iconographe Cynthia Frazer
Iconothèque Kate Ledwith, Sarah Mills, Karl Strange

Réalisé pour Dorling Kindersley Ltd par Toucan Books Ltd
Direction Ellen Dupont

Copyright © 2005 Dorling Kindersley Limited
Édition originale parue sous le titre *e.explore Rock and Mineral*
Google™ est une marque déposée de Google Technology Inc.

Pour l'édition française

Responsable éditorial Thomas Dartige
Suivi éditorial Éric Pierrat

Réalisation ML ÉDITIONS, Paris
Traduction Anne Simon
Conseiller scientifique Caroline Simonucci
Édition Agnès Mathieu avec la participation de Véronique Gadet

Couverture Raymond Stoffel et Aubin Leray

Pour l'édition française
© 2005 Gallimard Jeunesse, Paris
© 2006 ERPI Pour l'édition française au Canada

 5757, RUE CYPIHOT
SAINT-LAURENT (QUÉBEC)
H4S 1R3

www.erpi.com/documentaire

Dépôt légal: 1er trimestre 2006
Bibliothèque nationale du Québec
Bibliothèque nationale du Canada
ISBN 2-7613-1943-5
K 19435

Imprimé en Chine
Édition vendue exclusivement au Canada

Roches et minéraux

par John Farndon

LES THÉMATIQUES DE
l'encyclopédi@

Google

SOMMAIRE

Une collection qui s'ouvre sur Internet

ERPI et Google™ ont créé un site Internet dédié au livre « Les thématiques de l'encyclopedi@ – Les roches et les minéraux ». Pour chaque sujet, vous trouverez dans le livre des informations claires, synthétiques et structurées mais aussi un mot clé à saisir dans le site. Une sélection de liens Internet vous sera alors proposée.

http://www.encyclopedia.erpi.com

1 Saisissez cette adresse...

2 Choisissez un mot clé dans le livre...

Roche sédimentaire

3 Saisissez le mot clé...

roche sédimentaire

Vous ne pouvez utiliser que les mots clés du livre pour faire une recherche dans notre site.

Allez sur Internet l'esprit tranquille :

- Demandez toujours la permission à un adulte avant de vous connecter au réseau Internet.
- Ne donnez jamais d'informations sur vous.
- Ne donnez jamais rendez-vous à une personne rencontrée sur Internet.

- Si un site vous demande de vous inscrire avec votre nom et votre adresse e-mail, demandez d'abord la permission à un adulte.
- Ne répondez jamais aux messages d'un inconnu et parlez-en à un adulte.

Parents : ERPI met à jour régulièrement les liens sélectionnés ; leur contenu peut cependant changer. ERPI ne peut être tenu pour responsable que du contenu de son propre site. Nous recommandons que les enfants utilisent Internet en présence d'un adulte, ne fréquentent pas les forums de clavardage et utilisent un ordinateur équipé d'un filtre pour éviter les sites non recommandables.

4 Cliquez sur le lien choisi...

Découvrez les conglomérats

Les liens incluent des animations 3D, des vidéos, des bandes sonores, des visites virtuelles, des quiz interactifs, des bases de données, des chronologies et des reportages en temps réel.

5 Téléchargez des images fantastiques...

Images | Roches et minéraux

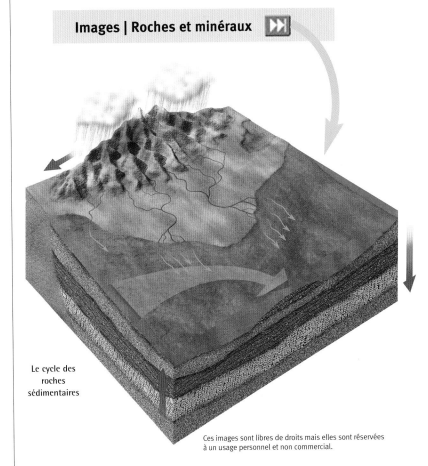

Le cycle des roches sédimentaires

Ces images sont libres de droits mais elles sont réservées à un usage personnel et non commercial.

Reportez-vous au livre pour un nouveau mot clé.

En étudiant les paysages, les géologues (scientifiques qui étudient la Terre) peuvent comprendre les processus qui les ont formés pendant des milliards d'années. Le magnifique Grand Canyon situé en Arizona, aux États-Unis, long de 525 km, a été façonné dans le désert par l'érosion d'un fleuve. Cette érosion a révélé des couches d'anciens grès, reposant sur du granite et du gneiss.

Perche pour prélever des échantillons de lave

LA TERRE ROCHEUSE

Il y a 2,5 millions d'années environ, l'homme a commencé à utiliser la roche comme outil. Cette période est connue sous le nom d'âge de la pierre (le paléolithique). Plus tard, l'homme a appris à façonner l'argile (roche tendre) pour fabriquer de la poterie et, depuis, de multiples façons de travailler la pierre ont été mises au point. Presque toutes les sortes de roches peuvent être taillées ou cassées pour fournir des matériaux de construction destinés à nos maisons et à nos villes. Divers minéraux extraits du sol entrent dans la fabrication de matériaux très particuliers. Tous les métaux de l'industrie, tels le fer et l'acier, proviennent de minéraux que l'on trouve dans la roche, de même que la plupart des combustibles – le pétrole, le charbon –, ainsi que le sel ou les engrais, et bien d'autres produits encore.

◄ UN VOLCANOLOGUE AU TRAVAIL
L'étude de la Terre est un sujet tellement vaste que la géologie est divisée en de nombreuses spécialités. Les minéralogistes étudient les minéraux ; les pétrographes, les roches, et les volcanologues, les volcans. À cause des températures extrêmes régnant autour des volcans, les volcanologues portent des vêtements protecteurs adaptés, qui ont la propriété de réfléchir la chaleur. Échantillonner la lave pour analyser sa composition minéralogique est une des méthodes utilisées pour surveiller les éruptions volcaniques.

Roche

MINES ET CARRIÈRES ►
Roches et minéraux sont généralement extraits de mines ou de carrières. La mine Super Pit, longue de 3 km, est la plus grande mine d'or à ciel ouvert d'Australie. On recourt à l'extraction à ciel ouvert quand les couches de minerais (roches ou minéraux à partir desquels le métal est extrait pour une utilisation industrielle) se trouvent proches de la surface. Les carrières sont d'immenses puits creusés dans le sol permettant l'excavation de très grandes quantités de matériaux de construction, tels des blocs de roche, du sable ou du gravier.

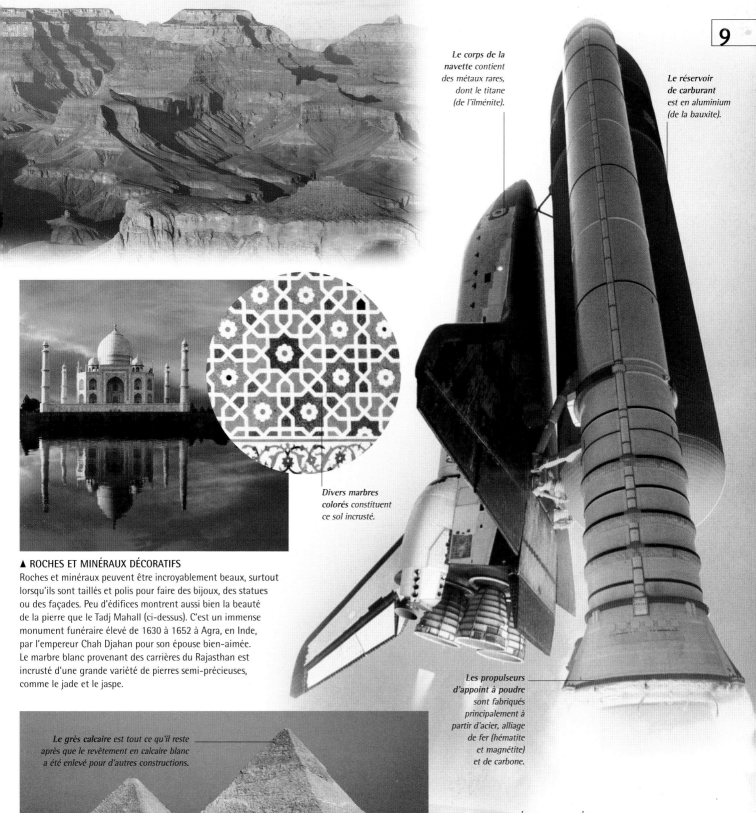

Le corps de la navette contient des métaux rares, dont le titane (de l'ilménite).

Le réservoir de carburant est en aluminium (de la bauxite).

Divers marbres colorés constituent ce sol incrusté.

Les propulseurs d'appoint à poudre sont fabriqués principalement à partir d'acier, alliage de fer (hématite et magnétite) et de carbone.

Le grès calcaire est tout ce qu'il reste après que le revêtement en calcaire blanc a été enlevé pour d'autres constructions.

▲ ROCHES ET MINÉRAUX DÉCORATIFS

Roches et minéraux peuvent être incroyablement beaux, surtout lorsqu'ils sont taillés et polis pour faire des bijoux, des statues ou des façades. Peu d'édifices montrent aussi bien la beauté de la pierre que le Tadj Mahall (ci-dessus). C'est un immense monument funéraire élevé de 1630 à 1652 à Agra, en Inde, par l'empereur Chah Djahan pour son épouse bien-aimée. Le marbre blanc provenant des carrières du Rajasthan est incrusté d'une grande variété de pierres semi-précieuses, comme le jade et le jaspe.

▲ CONSTRUITES POUR DURER

Pour qu'une construction dure longtemps, la pierre s'impose, car elle est extrêmement durable. Peu de bâtiments ont résisté aussi bien que les pyramides de Gizeh, érigées voici plus de 4 000 ans. Les Égyptiens étaient experts dans l'art d'utiliser différentes sortes de roches, et les pyramides sont des chefs-d'œuvre de maçonnerie. Le cœur de chaque pyramide, constitué de millions d'énormes blocs de grès calcaire, a ensuite été recouvert d'une couche brillante de calcaire blanc ; un chapiteau de granit coiffe le sommet.

▲ DES MINÉRAUX AUX MÉTAUX

L'homme a commencé à se servir des métaux il y a 6 500 ans environ, en extrayant du sol des métaux natifs tels que l'or et l'argent, et en les modelant sous toutes les formes, de la vaisselle aux bijoux. Au Moyen-Orient, 4 500 ans av. J.-C., on découvrit que d'autres métaux pouvaient être extraits de minerais en les chauffant à très haute température. Grâce à cette découverte, une grande variété de métaux devenait disponible. Cela a fourni les matériaux de base pour fabriquer à peu près tous nos outils et machines. Sans ces métaux, les développements technologiques comme la navette spatiale ci-dessus n'auraient jamais été possibles. Tous les métaux utilisés dans la navette – de l'acier et de l'aluminium aux métaux légers, plus rares, tel le titane – proviennent des minéraux.

ROCHES ET MINÉRAUX

Roches et minéraux sont les matériaux de base de la surface de la Terre. Les roches sont constituées d'une multitude de grains de minéraux – certains visibles à l'œil nu, d'autres seulement au microscope. Quelques roches sont faites d'un seul minéral ; d'autres en contiennent une demi-douzaine ou plus. Les minéraux sont des composés chimiques solides naturels. Ils sont classés selon leur composition chimique et leur structure. Les roches sont rangées dans trois groupes selon leur mode de formation : ignées (issues de roches fondues), métamorphiques (altérées par des pressions et des températures extrêmes) et sédimentaires (créées par des couches de sédiments – matériaux en suspension qui se sont stabilisés).

LE COMPOSÉ CUIVRE ▲
La plupart des minéraux sont constitués d'au moins deux éléments chimiques. Les composés de la famille des carbonates se forment par association de métaux ou de semi-métaux avec un carbonate (composé à base de carbone et d'oxygène). La malachite (ci-dessus) est un carbonate formé avec du cuivre, ce qui lui donne son éclatante couleur verte.

Dépôts de soufre ramenés à la surface par l'activité des sources d'eau chaude

◄ LE SOUFRE ÉLÉMENTAIRE
Seuls quelques minéraux sont des éléments natifs – minéraux formés entièrement à partir d'un seul composé chimique. Il existe encore moins d'éléments natifs non métalliques. Le soufre est l'un d'eux. Dans les sources chaudes du parc de Yellowstone, aux États-Unis, les dépôts de soufre ont été laissés par des sources d'eaux très chaudes fortement chargées en minéraux provenant de la croûte terrestre.

Minéralogie

LES TROIS PRINCIPAUX TYPES DE MINÉRAUX

ÉLÉMENTS NATIFS : LES MÉTAUX
Les métaux natifs comme l'or (ici), l'argent, le cuivre, le platine et le plomb se trouvent purs dans une roche ou un lit de rivière. Mais la plupart des métaux, tels le fer, l'aluminium et l'étain, sont combinés à d'autres éléments chimiques. Pour extraire le métal de ces minerais, il faut leur faire subir un traitement industriel.

Minéraux soufrés transportés par la rivière

ÉLÉMENTS NATIFS : LES NON-MÉTAUX
Le soufre (ici), le graphite et le diamant existent purs. Bien d'autres éléments non métalliques se trouvent en association dans les minéraux. Le soufre natif cristallise souvent autour des sources d'eau chaude et des cratères volcaniques. Il se présente le plus souvent sous forme de sulfures ou de sulfates.

LES MINÉRAUX COMPOSITES
La plupart des minéraux se trouvent sous des formes composites, constitués d'autres éléments, généralement quand un ou plusieurs métaux se combinent avec un élément non métallique. Ces minéraux composites sont classés en neuf groupes selon le minéral non métallique associé. Le gypse (ici) est un sulfate constitué de calcium, de soufre et d'oxygène.

Les éboulis (éléments libres) sont créés sur les pentes abruptes des montagnes par l'érosion de la roche.

LES CHAÎNES DE MONTAGNES GRANITIQUES ►

Les roches granitiques sont localisées généralement dans les chaînes plissées (Corse, Massif central) ou dans les boucliers (Afrique). Elles se présentent le plus souvent en intrusions dans les roches encaissantes. Les granites se forment en profondeur (de 10 à 20 km) : quand le magma remonte vers la surface, il se refroidit et se solidifie. C'est une roche très résistante à l'érosion, bien plus que les roches sédimentaires, par exemple.

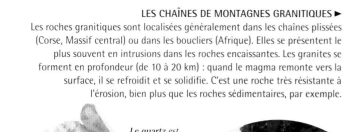

Le quartz est le composant principal du granite.

Le mica se présente sous forme de plaques noires.

Les feldspaths donnent au granite sa teinte rose.

Le sol est créé à partir d'une érosion intense des rochers.

Les blocs de granite sont devenus de gros blocs erratiques polis après une érosion prolongée.

▲ MICROPHOTOGRAPHIE D'UNE LAME MINCE DE GRANITE

La plupart des roches sont des agrégats – mélange de minéraux. À l'œil nu, le granite est une roche peu colorée, parsemée de petits points noirs. Des photographies prises avec un microscope polarisant permettent de distinguer l'assemblage minéralogique de la roche, mais les couleurs apparaissent différentes de celles vues sous lumière naturelle. Le granite est composé principalement de trois minéraux : les micas noirs, les feldspaths roses ou blancs, et le quartz roux-gris. Le quartz et les feldspaths composent l'assemblage minéralogique de base de nombreuses roches.

LES TROIS TYPES DE ROCHES

ROCHES IGNÉES

Les roches ignées sont au départ du magma – roche chauffée au cœur de la Terre jusqu'à ce qu'elle fonde. Quand le magma monte dans la croûte terrestre, il se refroidit et cristallise en une nouvelle roche. Le magma peut se solidifier sous terre pour former des roches ignées intrusives tel le granite, ou se répandre à la surface par éruption.

ROCHES MÉTAMORPHIQUES

Elles se forment quand les autres roches sont transformées par une chaleur ou une pression extrêmes, comme la pression générée lors du soulèvement d'une montagne ou la chaleur de l'activité volcanique en profondeur. Ces changements se font parfois localement, parfois à grande échelle. Certaines roches métamorphiques, comme le gneiss (à gauche), ont un aspect rayé.

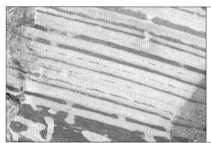

ROCHES SÉDIMENTAIRES

Les roches sédimentaires, comme l'argilite (à gauche), sont formées à partir de fragments de roches ou de matière organique sédimentés en couches par le vent ou l'eau. Les couches plus vieilles et plus profondes, écrasées par le poids des couches supérieures, sont compactées en roche solide pendant des millions d'années lors du processus de lithification.

Le pendule central, relié aux têtes
de dragon, bascule et libère une bille.

Bille prête à tomber

La grenouille qui reçoit
la bille indique
la direction du séisme.

L'HISTOIRE DE LA GÉOLOGIE

Les roches et les minéraux se sont formés depuis l'origine de l'univers, mais notre savoir à leur sujet est relativement récent. C'est probablement la découverte des métaux et la recherche des minerais qui ont poussé les hommes à vouloir en savoir plus sur la formation des roches. Celles-ci sont néanmoins restées suffisamment mystérieuses pour susciter de nombreux mythes. Les formidables avancées de nos connaissances sur les processus de formation de la Terre ont commencé il y a environ deux cents ans avec l'idée que les roches mettent des millions d'années à se former.

◄ **L'UN DES PREMIERS DÉTECTEURS DE SÉISME**
Cet instrument géologique primitif est une reconstitution d'un détecteur de séisme conçu par un savant chinois, Chang Heng, vers l'an 130. C'est une urne très lourde, couronnée de huit têtes de dragon, chacune tenant une bille dans sa gueule. Quand la terre tremblait, une bille tombait alors dans la bouche de l'une des huit grenouilles disposées autour de l'urne, ce qui indiquait la direction du séisme.

Géologie

▲ **MINÉRAUX ET EXPLOITATION MINIÈRE**
Le premier véritable livre de géologie, *De re metallica* (*Sur les métaux*, 1556), a été publié au XVIᵉ siècle par un ingénieur des mines allemand, Agricola (1494-1555). Cette illustration, tirée de cet ouvrage, montre des mineurs en train de trier et de laver les minerais sur des tamis.

▲ **LES CYCLES DE L'ÉROSION**
La géologie moderne a commencé au XVIIIᵉ siècle avec l'Écossais James Hutton (1726-1797). Celui-ci disait que les paysages terrestres étaient formés et détruits au cours de millions d'années par les cycles répétitifs de l'érosion, de la sédimentation et du soulèvement. L'apparence fortement érodée des montagnes écossaises l'a certainement convaincu que ces processus étaient toujours actifs.

▲ **LES CARTES GÉOLOGIQUES**
Cette première carte a été réalisée en 1815 par un Anglais, William Smith (1769-1839), alors qu'il relevait des tracés pour le creusement de canaux. Remarquant que chaque couche de roche contenait un type de fossiles, il a compris que les roches qui s'étaient formées à de grandes distances l'une de l'autre mais abritaient les mêmes sortes de fossiles devaient avoir le même âge.

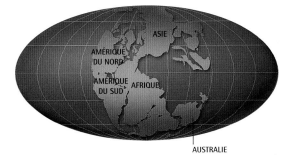

IL Y A 220 MILLIONS D'ANNÉES

AUSTRALIE

IL Y A 100 MILLIONS D'ANNÉES

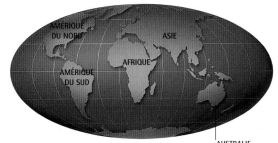

AUSTRALIE

AUJOURD'HUI

AUSTRALIE

▲ LES COLONNES DE SÉRAPIS
Un géologue du XIXᵉ siècle, Charles Lyell, soutint la théorie de Hutton sur la continuité des processus géologiques et son idée centrale : des blocs entiers de roche peuvent bouger vers le haut et le bas avec le temps. Dans ses *Principes de géologie*, Lyell a illustré cette théorie avec une image du temple de Sérapis, vieux de 1 600 ans, qui se trouve à Pouzzoles, sur la côte italienne. Des marques laissées par des coquillages sur les colonnes du temple montrent que celles-ci ont été un jour submergées par l'eau de mer avant d'être surélevées à nouveau.

Les traces sur les colonnes suggèrent que la baisse et la remontée du sol ont été causées par l'activité volcanique et sismique locale.

▲ LA DÉRIVE DES CONTINENTS
L'idée que les continents bougent a été proposée dans les années 1920 par le météorologue allemand Alfred Wegener (1880-1930). Il a remarqué l'incroyable correspondance entre la côte orientale de l'Amérique du Sud et la côte occidentale africaine, suggérant qu'elles avaient dû être jointes dans un lointain passé. Wegener a dû subir les moqueries de ses pairs, mais, depuis, il a été démontré que les continents ont formé jadis un supercontinent, la Pangée.

LES MYTHES LIÉS AUX MINÉRAUX

LES CHEVEUX DE PELÉ
Les volcans ont inspiré bien des mythes. Selon une légende hawaïenne, la déesse du Feu Pelé est responsable de leurs éruptions. La lave hawaïenne est très liquide, et ses projections se solidifient en fines fibres de verre basaltique or-brun. Ces projections s'agglomèrent et forment une roche fibreuse surnommée les «cheveux de Pelé».

UNE BOULE DE CRISTAL
Le quartz (cristal de roche) a toujours été recherché pour ses propriétés «mystiques». Pendant des siècles, les hommes ont pensé que c'était une glace qui avait tellement gelé qu'elle ne pouvait plus fondre. Les moines tibétains, les druides celtes de jadis ainsi que les «voyants» actuels prétendent lire le futur dans des boules de «cristal».

DES GEMMES PROTECTRICES
La Bible évoque un pectoral incrusté de gemmes (en haut) porté par Aaron, le premier grand prêtre d'Israël. Chaque pierre représente l'une des douze tribus d'Israël. La symbolique des gemmes subsiste aujourd'hui avec les «pierres de naissance» : différentes gemmes représentent les mois de l'année.

UN BOUCLIER EN CUIVRE
Le cuivre a été l'un des premiers métaux utilisés, car il se trouve dans le sol sous sa forme pure. Sa rareté lui a donné une grande valeur commerciale. Jadis, dans les tribus indiennes d'Amérique du Nord-Ouest, des plaques gravées en forme de bouclier, connues sous le nom de «cuivres», symbolisaient la richesse et la prospérité.

UNE AMULETTE
Les anciens Égyptiens portaient des amulettes pour se protéger du mauvais sort. Certaines pierres précieuses et semi-précieuses, telle la turquoise, avaient de prétendus pouvoirs magiques. Sur ce précieux pendentif, un scarabée (bousier sacré) pousse une boule de cornaline, rouge, qui symbolise le Soleil.

Atmosphère *gazeuse*

Fine croûte
de roches solides

Manteau supérieur *de
roches chaudes et mobiles*

Manteau inférieur *de roches denses
produites à hautes pressions*

◄ À L'INTÉRIEUR DE LA TERRE
Cette coupe montre, de la surface jusqu'au
noyau, les principales couches qui se sont
formées dans les premiers temps de l'évolution de
la Terre. Les matériaux les plus denses, tel le fer, ont
coulé vers le centre pour former le noyau, et d'autres
plus légers, comme les silicates, sont remontés vers
la surface. Personne n'a jamais vu l'intérieur de la
Terre, notre connaissance de chaque couche étant
déduite des informations récoltées en surface.

*Noyau
de fer et
de nickel*

LES COUCHES DE LA TERRE

CROÛTE (profondeur : 0–70 km)
Couche superficielle, la plus fine,
principalement constituée de
roches silicatées, tels les basaltes
(ci-contre). Elle se présente
sous forme de plaques posées sur
la partie superficielle du manteau
supérieur, et le tout forme
la lithosphère. Ces plaques glissent
sur le manteau, provoquant
des séismes, des volcans
et la dérive des continents.

**MANTEAU SUPÉRIEUR
(70–2 990 km)** La lithosphère
rigide flotte sur une couche du
manteau supérieur, l'asthénosphère.
Là, les roches sont tellement
chaudes qu'elles fondent et forment
le magma qui s'échappe parfois
en surface par les volcans. La roche
principale du manteau supérieur
est la péridotite (ci-contre), plus
dense qu'une roche crustale.

**MANTEAU INFÉRIEUR (2 990–
5 150 km)** Là règnent de très
hautes pressions qui transforment
les éléments légers, tels que
les minéraux silicatés du manteau
supérieur, en minéraux plus denses
comme le pyroxène (ci-contre)
et la pérovskite. La pérovskite est
le minéral le plus abondant dans
le manteau et donc dans la Terre,
puisque le manteau en représente
80 % du volume.

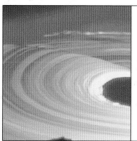

NOYAU (5 150–6 370 km)
Le noyau est une sphère dense
composée essentiellement de fer
et d'un peu de nickel. La couche
externe est si chaude – la
température y varie de 3 500
à 4 000 °C – que le métal fond.
La graine est encore plus chaude,
atteignant 4 700 °C, mais les
pressions gigantesques empêchent
le fer de fondre.

LA STRUCTURE DE LA TERRE

Le plus profond sondage géologique n'a atteint que 12,261 km
de profondeur. Mais, grâce à l'étude des ondes sismiques, les
scientifiques ont pu déterminer les différentes couches qui
constituent le cœur de notre planète. L'écorce est une croûte fine
et rocheuse, épaisse de seulement 5 km par endroits. En dessous,
le manteau, très épais, est constitué de roches visqueuses. Entre
5 150 km et le centre de la Terre, le noyau est formé de fer et
de nickel ; le noyau interne, ou graine, subit des pressions telles
qu'il ne peut fondre, malgré des températures atteignant 4 700 °C.

PÉRIDOTITES DU MANTEAU SUPÉRIEUR EXPOSÉES À LA SURFACE

Les géologues peuvent étudier seulement les roches situées assez en surface. Parfois, des roches provenant
du manteau remontent grâce au phénomène de la tectonique des plaques ou lors d'une éruption volcanique.
D'immenses forces soulèvent une plaque de croûte océanique adhérant à la couche superficielle du manteau
supérieur et la déposent sur la croûte continentale, exposant ainsi des roches péridotiques denses du manteau.
Ici, une plaque de péridotite érodée des Tablelands, dans le parc du Gros-Morne à Terre-Neuve (Canada).

▼ UNE COUPE À TRAVERS LA CROÛTE
Ce diagramme montre une coupe transversale de la croûte et de la
lithosphère avec les principales structures du paysage – et comment
ces formes de surface sont liées à ce qui se passe à l'intérieur de
la Terre. Les dorsales à la surface du plancher océanique s'alignent
sur les fissures de la croûte d'où s'écoulent les matériaux chauds
provenant du manteau. Les volcans entrent en éruption
au-dessus de points de faiblesse créés dans la croûte
ou à la limite des plaques. Des changements de
pression engendrés par le mouvement
des plaques facilitent la fonte
des matériaux.

*La lithosphère
s'étend jusqu'à 100 km sous
la surface de la Terre.*

*Les vieilles montagnes
marquent le bord d'une plaque
lithosphérique stable.*

*Les chaînes
montagneuses
sont constituées
de couches de
roches plissées
par le mouvement
des plaques.*

LES LUMIÈRES DES PÔLES ►

Ce incroyable spectacle de lumière, visible dans le ciel au-dessus du pôle Nord, s'appelle une aurore boréale. Un phénomène similaire se produit au-dessus du pôle Sud : c'est l'aurore australe. Ces aurores se forment quand des particules électriquement chargées, tombant du Soleil, entrent dans l'atmosphère, attirées par le champ magnétique terrestre. Elles se heurtent à des particules de l'air, faisant briller la couche d'air supérieure autour des pôles. Le champ magnétique, ou magnétosphère, qui s'étend très loin dans l'espace, est généré à grande profondeur dans notre planète par la rotation du noyau liquide externe.

▲ LES ROCHES MAGNÉTIQUES

Certains minéraux terrestres, telle la magnétite (ci-dessus) et la pyrrhotite, sont naturellement magnétiques. Quand ces minéraux bougent librement dans le magma fondu, ils s'alignent avec le champ magnétique terrestre. Cet alignement de tels minéraux dans les roches âgées permet de mieux comprendre le mouvement des continents.

@►► Structure de la Terre

LES MINÉRAUX QUI CONSTITUENT LA TERRE

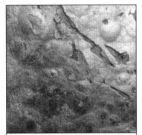

LE FER
La plupart des minéraux sont formés de 4 principaux éléments chimiques : fer (35%), oxygène (28%), magnésium (17%) et silicium (13%). Bien que le fer représente un tiers du poids de la Terre et la majeure partie du noyau, il est rarement trouvé à l'état pur dans la croûte ; il est généralement associé à d'autres éléments.

LE SILICIUM
La plus grande partie de la croûte est constituée de l'association de 2 éléments (oxygène, silicium) sous forme de silicate. Légers, ces éléments sont remontés très tôt dans l'histoire de la Terre. Le silicium est rarement trouvé seul : il est presque toujours associé à l'oxygène sous forme de silicate. Le quartz est un minéral silicaté typique.

LE MAGNÉSIUM
Le magnésium est le troisième élément le plus courant dans la Terre. Les silicates contenant du fer et du magnésium sont fréquents dans le manteau supérieur et dans la croûte. Les minéraux du manteau inférieur sont pour la plupart une association de magnésium avec de l'oxygène et du fer.

LE NICKEL
Rare dans la croûte, le nickel se trouve dans le noyau sous l'association de fer-nickel ou de dérivés. Les météorites métalliques tombant sur la Terre sont riches en nickel-fer, montrant que le nickel était un élément clé dans le système solaire primitif. L'industrie extrait le nickel d'un minerai appelé pentlandite.

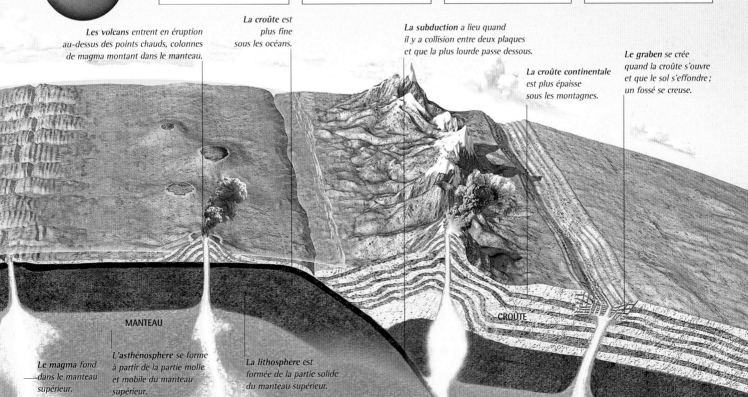

Les volcans entrent en éruption au-dessus des points chauds, colonnes de magma montant dans le manteau.

La croûte est plus fine sous les océans.

La subduction a lieu quand il y a collision entre deux plaques et que la plus lourde passe dessous.

La croûte continentale est plus épaisse sous les montagnes.

Le graben se crée quand la croûte s'ouvre et que le sol s'effondre ; un fossé se creuse.

MANTEAU

CROÛTE

Le magma fond dans le manteau supérieur.

L'asthénosphère se forme à partir de la partie molle et mobile du manteau supérieur.

La lithosphère est formée de la partie solide du manteau supérieur.

LA TECTONIQUE DES PLAQUES

Les continents n'ont pas toujours été là où ils sont actuellement. En fait, ils bougent doucement, tout le temps. La lithosphère (composée de la croûte et de la partie solide du manteau supérieur) est divisée en une vingtaine de plaques – sept grandes et une douzaine plus petites –, appelées «plaques lithosphériques», qui glissent et se heurtent en permanence. Les continents et le plancher océanique, imbriqués dans ces plaques, se déplacent donc avec elles. Les frontières de plaques sont affectées par les séismes et les éruptions volcaniques.

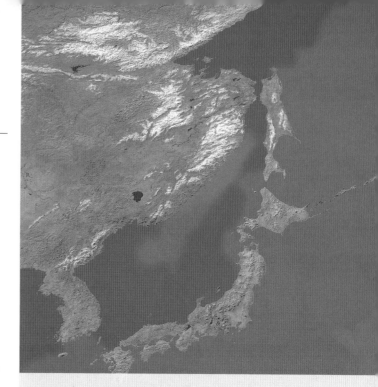

▲ FRONTIÈRE EN CONVERGENCE : D'OCÉAN À OCÉAN

Dans certains endroits du globe, les plaques lithosphériques convergent (entrent en collision). La plaque la plus dense (généralement la plaque océanique) plonge, pendant que la plus légère passe au-dessus d'elle et l'enfonce dans le manteau. C'est la subduction. Le matériau fondu de la plaque qui s'enfonce monte vers la bordure fragilisée de la plaque du dessus, formant un alignement volcanique. Quand la plaque du dessus est océanique, l'effet génère un arc d'îles volcaniques. Les îles du Japon (ci-dessus) ont été créées ainsi : les plaques pacifique et philippine se sont enfoncées sous les plaques nord-américaine et eurasienne.

LES FRONTIÈRES DES PLAQUES LITHOSPHÉRIQUES

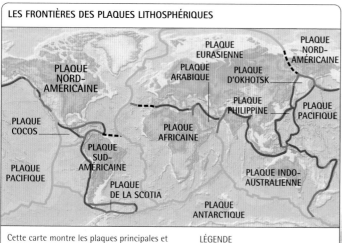

Cette carte montre les plaques principales et quelques secondaires. Les plaques se déplacent de trois façons : s'appuyant l'une sur l'autre (convergentes), s'écartant l'une de l'autre (divergentes) ou glissant l'une sur/sous l'autre (décrochantes). Des sept plaques principales – pacifique, nord- et sud-américaine, africaine, eurasienne, indo-australienne et antarctique –, seule la plaque pacifique ne porte pas de continent. Les plaques sous les océans sont les plus jeunes, car elles se forment toujours aux frontières divergentes.

LÉGENDE

— frontière en convergence

— frontière en divergence

— faille décrochante

- - - - frontière incertaine

La plaque eurasienne s'écarte de la plaque nord-américaine vers l'est.

FRONTIÈRE EN DIVERGENCE ▶

Généralement, au milieu de l'océan, les plaques divergent doucement (c'est-à-dire qu'elles s'écartent). Comme elles se séparent, du magma fondu provenant de l'intérieur de la Terre remonte à la surface par l'espace libéré et se solidifie, créant ainsi une nouvelle croûte. Aussi le plancher océanique s'étale-t-il de plus en plus. L'océan Atlantique s'étend d'environ 20 cm par an. La colonne de magma chaud remontant depuis le manteau le long de la fissure où les plaques se séparent crée sur le plancher océanique une longue crête, ou dorsale médio-océanique. Thingvellir en Islande est l'un des rares endroits où l'on peut voir la dorsale émerger.

Tectonique

Andes mountain range

Pacific Ocean

Plaque indo-australienne *Contreforts de l'Himalaya* *Plaque eurasienne*

▲ FRONTIÈRE EN CONVERGENCE : DE CONTINENT À CONTINENT

Parfois, deux plaques portant des continents entrent en collision. C'est ce qui arrive au sud de l'Asie, où la plaque indo-australienne remonte vers le nord directement dans la plaque eurasienne. L'incroyable puissance de cette collision a plissé les roches des deux continents. Ici, l'Himalaya – la plus haute chaîne de montagnes du monde – a été formé comme une grande vague lors de la remontée de l'Inde vers l'Asie. L'Inde progresse toujours vers le nord d'environ 5 cm chaque année. Les montagnes s'étendent loin de part et d'autre de la ligne d'impact.

▲ FRONTIÈRE EN CONVERGENCE : D'OCÉAN À CONTINENT

Là où une plaque océanique plonge sous une autre plaque, il y a souvent formation d'une profonde fosse dans le plancher. Tout autour du Pacifique, les plaques s'enfoncent. Quelques-unes des plus profondes fosses sous-marines, comme celle des Mariannes, profonde de 11 034 m, marquent le point de subsidence des plaques dans le manteau. La collision de la plaque Nazca avec la plaque sud-américaine a non seulement créé une fosse océanique, mais a plissé toute la bordure orientale du continent, engendrant la plus longue chaîne de montagnes du monde, les Andes.

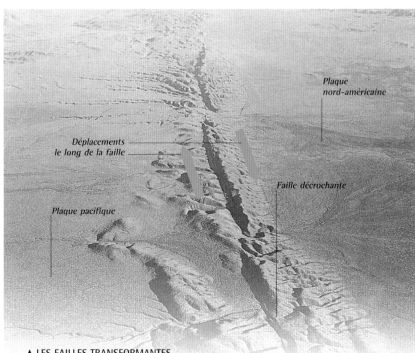

Plaque nord-américaine

Déplacements le long de la faille

Faille décrochante

Plaque pacifique

LES DIFFÉRENTS TYPES DE FAILLES

FAILLE NORMALE
Les aires ou zones de faille active se situent sur les marges des plaques. Une faille normale se trouve là où deux plaques divergent. La tension résultante sépare les blocs de roche, permettant à l'un des blocs de coulisser vers le bas. Cette surface sur laquelle le bloc descend est appelée plan de faille.

FAILLE INVERSE
Quand deux plaques convergent, la force de collision peut compresser si fort les roches qu'une faille inverse se crée. Un bloc est poussé vers le haut et l'autre vers le bas. Si cette faille est très superficielle – quasi horizontale –, elle est dite chevauchante. Les glissements de terrain sont souvent associés à ce type de faille.

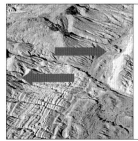

FAILLE DÉCROCHANTE
Parfois, les plaques ne convergent ni ne divergent, mais coulissent horizontalement. Des blocs de roche sont arrachés de part et d'autre de la faille, créant un décrochement comme celui-ci au Nevada (États-Unis). Des failles décrochantes comme celle de San Andreas sont de gigantesques décrochements.

▲ LES FAILLES TRANSFORMANTES

Le mouvement sans fin des plaques lithosphériques peut soumettre les roches à de si fortes contraintes qu'elles se brisent. Cette cassure s'appelle une faille. Quand cette faille marque la séparation entre deux plaques, elle se nomme faille décrochante. La faille de San Andreas (ci-dessus) en Californie, États-Unis, est la faille décrochante la plus connue du monde. La partie orientale de la faille se trouve dans la plaque nord-américaine, tandis que la partie occidentale se trouve sur la plaque sud-américaine, qui tourne en sens inverse des aiguilles d'une montre. Pendant qu'elle tourne, la plaque pacifique coulisse le long de la faille – ce qui engendre les séismes que l'on sait.

LES FORCES DE L'ÉROSION

Les montagnes, les collines, les vallées et les plaines donnent l'impression d'avoir toujours été là. Pourtant, le paysage de notre planète a été façonné lentement par les intempéries, les eaux de ruissellement, le mouvement des glaciers, les vagues, le vent, le gel et les éléments chimiques naturels. Parfois, le phénomène est soudain – une falaise s'écroule sous l'effet d'un violent orage. La plupart du temps, l'érosion est si lente qu'on la remarque à peine. Pendant des dizaines de milliers d'années, les montagnes s'effritent peu à peu, les collines s'aplanissent et les vallées s'élargissent en plaines. Le processus de destruction de la roche et du transport des fragments est appelé érosion. Puis survient le phénomène de dépôt des matériaux transportés par l'eau, le vent ou la glace.

@ ▶▶
Érosion

Les avalanches nourrissent le glacier avec de la glace et des rochers.

◀ L'ÉROSION

Qu'elle soit exposée à l'air, au vent, au soleil ou à la pluie, la roche finit toujours par s'effriter à cause d'un processus appelé érosion. Avec le temps, l'érosion peut briser n'importe quelle roche : même le plus dur des granites sera transformé en sable. Parfois, la roche se brise sous l'effet des températures extrêmes. Par exemple, l'eau gelant dans les fissures d'une roche la fait éclater. Les cycles répétés de gel et de dégel accélèrent l'érosion des sommets des montagnes.

◀ LA CORROSION

Les roches sont attaquées par les composés chimiques contenus dans l'air ou dans l'eau de pluie. En région calcaire, les effets de la corrosion chimique sont très visibles. Le dioxyde de carbone (CO_2) de l'air se dissout dans l'eau de pluie et forme de l'acide carbonique (H_2CO_3). Quand l'eau ruisselle dans les fissures des roches, cet acide, quoique faible, dissout le calcaire. Les fissures dans un plateau calcaire se transforment en profondes rainures (ci-contre) nommées lapiez.

Ces arches ont été créées par l'érosion éolienne.

◀ L'ÉROSION PAR L'EAU

L'eau est un formidable agent d'érosion. Fleuves et rivières creusent des vallées profondes. Les vagues côtières, paquets d'énergie soulevés par le vent, battent la côte sans répit. Elles ne font pas que fracasser la roche de la côte avec les galets qui se trouvent dans les vagues, elles la brisent aussi avec l'air qui s'engouffre dans les fissures. Parfois, le constant flux et reflux des vagues découpe des pentes côtières, créant des falaises. À la longue, ces falaises vont être ébranlées, puis elles s'effondreront. Ce phénomène peut laisser de hauts rochers isolés, tels les Douze-Apôtres (ci-contre) sur la côte de l'État de Victoria, en Australie.

Le glacier avance doucement le long de la vallée.

Les rayures sur le glacier montrent le transport des différents débris.

◀ L'ÉROSION GLACIAIRE

Sur certains sommets, il fait si froid que la neige ne fond jamais et, au fil des ans, elle se compacte en une masse de glace. Celle-ci devient si énorme qu'elle commence à glisser doucement vers l'aval, formant une rivière de glace, ou glacier. De nos jours, les glaciers, tel le Batura situé à Gojal, au Pakistan, ne se forment que dans les plus hautes montagnes et dans les régions polaires. Avant, pendant les longues périodes de froid appelées glaciations, de vastes étendues du nord de l'Amérique et d'Europe étaient couvertes de glace. Le poids très important des glaciers leur donne la possibilité de sculpter le paysage. Ils creusent d'énormes vallées en forme de U, de vastes cirques, érodent des collines entières et accumulent d'immenses tas de débris de roches, brisées par le gel, connus sous le nom de moraines.

◀ L'ÉROSION ÉOLIENNE

Si, dans les régions humides, la puissance du vent a peu d'impact sur le paysage, dans les zones arides, tels les déserts, de puissantes rafales chargées de poussière et de sable érodent les roches. L'action abrasive du sable (qui agit comme du papier de verre) sculpte parfois la roche en des formes extraordinaires, comme ce grès de l'Arche Turret, dans le parc national des Arches (Utah, États-Unis). Le vent roule les rochers et le sable du désert, créant au passage des formes arrondies appelées creux de déflation. Les géologues ont longtemps pensé que les déserts avaient été modelés par le vent, mais les effets des inondations qui ont eu lieu par le passé auraient été sous-estimés.

▲ LE TRANSPORT

Un rocher est usé, les fragments sont transportés ou emportés ailleurs par l'eau, la glace ou – si les débris sont fins et légers – le vent. Les matériaux véhiculés par un cours d'eau constituent sa charge. Celle-ci varie selon la vitesse et le volume d'eau dans la rivière et la topographie du terrain traversé. Quelques fleuves, tels le Huang He en Chine et l'Amazone (ci-dessus) en Amérique du Sud, transportent tellement de limon qu'à certains moments de l'année ils deviennent jaunes ou bruns.

LES DIFFÉRENTS TYPES DE DÉPÔTS

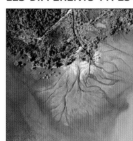

DELTAS
Lorsqu'un cours d'eau arrive à la mer ou dans un lac, il ralentit et ne peut plus transporter sa charge de limon. Le limon est distribué dans une zone en forme d'éventail, le delta, où le cours d'eau se sépare en «bras». Cette vue aérienne montre la boue déposée dans un delta de la côte est de la Nouvelle-Calédonie.

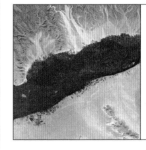

PLAINES D'INONDATION
Quand un fleuve se rapproche de la mer, il devient moins profond et serpente dans de larges vallées. Après une crue, il laisse derrière lui une plaine d'inondation couverte de sable fin et de boue. Cette vue du Nil, en Égypte, montre bien l'extension de ces dépôts. La crue annuelle a créé une bande de terre fertile au milieu du désert.

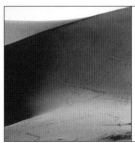

DUNES DU DÉSERT
Dans certains déserts, le vent accumule d'immenses dunes qui forment comme de vastes mers de sable. Dans le désert du Sahara (nord de l'Afrique), ces dunes peuvent atteindre 100 km de longueur et 200 m de hauteur. Elles forment un paysage étonnant, mouvant au gré du vent.

LŒSS
L'action du vent est importante partout où il y a des matériaux légers et libres : sur les plages, les bordures des glaciers, etc. Ces pics érodés de l'Iowa (É.-U.) sont dus à l'abrasion du vent chargé de lœss, un résidu laissé par le retrait des glaciers durant la dernière glaciation. De très vastes zones d'Asie centrale sont aussi couvertes de lœss.

LE CYCLE DE LA ROCHE

Sans cesse, partout à la surface de la Terre, l'érosion détruit les roches, et de nouvelles se forment avec les restes des anciennes. Ce recyclage est appelé cycle de la roche. Certains phénomènes sont rapides et évidents – les falaises qui s'effritent et les éruptions volcaniques qui produisent de la lave. Mais la majeure partie du cycle se déroule au plus profond de la Terre et dure des millions d'années. Le mouvement des plaques change les roches sédimentaires et ignées en roches métamorphiques, ou les roches métamorphiques en roches ignées.

LES TRIBULATIONS D'UNE ROCHE

ÉROSION
Même ces falaises en basalte, qui semblent si solides, seront un jour brisées. Avec le temps, elles seront réduites en sable par le choc des vagues. Le sable formera peut-être de nouveaux sédiments ou sera enfoui dans le manteau avec le plancher océanique et se mélangera au magma qui remonte, formant une nouvelle roche ignée.

ÉCLATEMENT PAR LE GEL
Ces roches ignées éparpillées dans la campagne galloise (Royaume-Uni) ont été brisées par l'infiltration de l'eau dans les fissures, qui s'est ensuite dilatée sous l'effet du gel. Quand l'érosion est bien avancée et que les fragments de roches sont assez petits, ils sont emportés vers le bas des pentes par l'eau, le vent ou la glace.

Les gaz carbonique et soufré des volcans contribuent à l'érosion chimique.

Les roches sont brisées par l'érosion.

Le glacier transporte les débris de roche.

▲ UN NUAGE DE POUSSIÈRE SUR LE JAPON
Même le vent peut jouer un rôle dans le cycle des roches. Sur cette photographie, une fine poussière provenant des plaines d'Asie centrale est emmenée vers l'est au-dessus de la mer du Japon. Ensuite, la poussière se déposera et sédimentera sur le plancher océanique, où elle formera peut-être une nouvelle roche sédimentaire ou sera emportée dans le manteau lors de la subduction (l'enfoncement d'une plaque sous une autre).

Les sédiments déposés en couches se transformeront en roche.

ROCHE SÉDIMENTAIRE

La lave en fusion se refroidit à la surface pour former des roches ignées extrusives comme le basalte.

CROÛTE CONTINENTALE

Le magma refroidit en profondeur pour former des roches ignées intrusives, comme le granite.

LE CYCLE DE LA ROCHE ▶
Ce schéma montre comment les roches sont continuellement formées, détruites et recyclées dans le cycle de la roche. Les matériaux ajoutés à la croûte, tel le magma (roche fondue) dans les intrusions et les volcans, forment les roches ignées. Exposées à la surface, les roches sont érodées, et les fragments transportés dans la mer sédimentent et se solidifient en roches sédimentaires. Ces roches peuvent aussi remonter en surface et former des montagnes (orogenèse) ou être transformées par la chaleur et la pression en roches métamorphiques. Les roches sédimentaires et métamorphiques exposées à l'air libre sont soumises à l'érosion. Les débris transportés dans la mer sédimentent en une nouvelle roche sédimentaire ou bien sont engloutis dans le manteau lors de la subduction ; ils refont ensuite surface sous forme de magma ou sont transformés en roches métamorphiques.

ROCHE MÉTAMORPHIQUE

Le magma remonte et remplit la chambre magmatique dans la croûte.

Les sédiments et la croûte océanique s'enfoncent sous une autre plaque.

ROCHE IGNÉE

ROCHE IGNÉE

Les sédiments et la croûte sur une plaque subductante fondent, créant du magma.

TRANSPORT
Pour former de nouvelles roches, les fragments érodés doivent être transportés vers des endroits où ils pourront s'accumuler. Ici, une rivière dépose des sédiments (taches claires) à chaque méandre de son lit. Quand ces sédiments se transformeront en roche, les rides du courant seront certainement bien visibles.

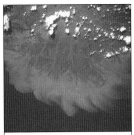

SÉDIMENTATION
Certains sédiments, emportés par une rivière de la montagne jusqu'à la mer, se déposent dans un delta (ici dans le sud-est de Bornéo, Indonésie). Les grains les plus lourds sédimentent les premiers et se compactent en grès. Les plus fins, emportés au large, se sédimentent puis se compactent sous forme de schistes argileux ou d'argile.

ROCHES SÉDIMENTAIRES
Une fois les sédiments lithifiés (solidifiés), les couches sédimentaires peuvent être ramenées à la surface par les mouvements tectoniques. Les roches exposées, tels ces schistes argileux, érodées par l'eau et les intempéries, fournissent du nouveau matériel pour une nouvelle roche. Les roches sédimentaires préservées seront métamorphisées en une nouvelle roche.

ROCHES MÉTAMORPHIQUES
Toutes les roches peuvent être altérées par la température et la pression pour former de nouvelles roches métamorphiques. Ainsi, les schistes argileux deviennent des ardoises quand ils sont soumis à la pression tectonique. L'ardoise peut être à son tour altérée, par une pression et une température encore plus fortes, en schistes (ci-dessus) et en gneiss.

ROCHES IGNÉES
La lave qui s'écoule à la surface ou le magma qui se solidifie en profondeur fournissent sans cesse à la croûte de nouvelles roches. Et ce matériel lui-même sera recyclé. L'éruption de lave que l'on voit ici au large des côtes hawaïennes peut contenir des éléments qui ont été subductés il y a des millions d'années et qui, depuis, ont circulé dans le manteau.

Les sédiments lessivés vers la mer sédimentent en couches et se lithifient.

◄ DE GROS BLOCS ERRATIQUES
Ces énormes blocs, dits erratiques, sont transportés par les glaciers. Certains ont parcouru plus de 800 km avant que le glacier ne fonde et ne les laisse derrière lui. Ils peuvent sembler trop gros pour faire partie du cycle de la roche, mais même les plus énormes blocs erratiques seront réduits en sable et en argile, et formeront plus tard, par l'érosion, des roches sédimentaires.

@ ▶▶ Cycle des roches

RIDE MÉDIO-OCÉANIQUE

Le magma forme la ride médio-océanique, là où les plaques se séparent.

Les sédiments sont emportés vers les fonds marins profonds.

CROÛTE OCÉANIQUE

LITHOSPHÈRE

Le magma remonte en s'infiltrant entre les deux plaques divergentes.

LES PROCESSUS DU CYCLE DE LA ROCHE

- Les plaques convergentes et divergentes créent de nouvelles roches ignées. La subduction déclenche l'activité volcanique et la remontée du magma.
- L'érosion par le vent, la pluie et les éléments chimiques, comme l'acide sulfurique des éruptions volcaniques, va détruire les roches exposées.
- Les fragments de roche sont transportés par l'eau (pluie, rivières, mer), le vent et la glace (glacier).
- Les débris de roche sont déposés en tant que sédiments sur la terre ferme et sur les fonds marins, où ils seront compactés en roche.
- La roche est soulevée et exposée à la surface par les mouvements des plaques.
- L'exposition à une pression (orogenèse) et à une température (magma) altère la roche préexistante en une nouvelle roche métamorphique.

MAGMA

ASTHÉNOSPHÈRE

▲ PILLOW-LAVAS SUR LA RIDE MÉDIO-ATLANTIQUE
Au milieu de l'océan Atlantique, il y a une fissure entre deux plaques tectoniques majeures. Ces plaques s'éloignent lentement l'une de l'autre, permettant à la lave de remonter dans l'espacement et de refroidir sur les bords, formant ainsi une ride médio-océanique. La lave chaude se solidifie très rapidement dans l'eau de mer froide sous forme de coussins appelés pillow-lavas.

LES VOLCANS

À certains endroits de la planète, du magma en fusion en provenance du centre de la Terre remonte à la surface, jaillit d'un cratère et s'écoule sous forme de lave. Un volcan peut parfois s'obstruer à cause d'un bouchon de magma épais : il y a alors une explosion lors de l'éruption volcanique, des jets de vapeur d'eau et des fragments incandescents sont violemment projetés dans les airs. Des éruptions successives créent un énorme cône de cendre et de lave autour du volcan, qui devient peu à peu une montagne.

◄ UNE ÉRUPTION STROMBOLIENNE
Là où le magma est acide et épais – surtout le long des frontières en convergence –, les éruptions sont souvent spectaculaires. Quand l'Etna, en Sicile (ci-contre), entre en éruption, il éjecte des paquets de lave de façon répétitive. C'est une éruption dite strombolienne, du nom de Stromboli, une île volcanique au large de la Sicile.

Paquets
de lave
incandescente

Énormes nuages
de cendre et
de vapeur d'eau

L'ACTIVITÉ VOLCANIQUE GLOBALE

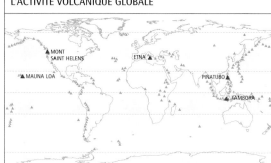

MONT SAINT HELENS — ETNA — PINATUBO — MAUNA LOA — TAMBORA

La plupart des volcans actifs se situent principalement sur les frontières des plaques lithosphériques, et spécialement autour de l'océan Pacifique : c'est ce que l'on appelle la «ceinture de feu du Pacifique». Les exceptions sont les volcans de points chauds, tels le Mauna Loa à Hawaii, qui s'est formé alors que la plaque pacifique se déplaçait au-dessus d'un point chaud. C'est un volcan bouclier, sujet à des éruptions fréquentes mais peu violentes.

LES DIFFÉRENTS TYPES DE VOLCANS

 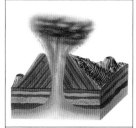 

STRATO-VOLCAN
(ou volcan composite) Quand du magma visqueux explose d'une simple ouverture, des éruptions successives forment un édifice constitué de couches successives de lave et de cendres. La pente est importante à cause de la lave visqueuse qui refroidit sur les parois sans pouvoir se répandre bien loin.

VOLCAN BOUCLIER
Quand deux plaques s'écartent, le magma arrive facilement à la surface, il est donc moins acide et moins épais. Les écoulements rapides de lave basaltique forment un édifice étalé (souvent plus de 10 km de large) avec une faible pente. Le Mauna loa, à Hawaii, est le plus grand volcan bouclier au monde.

VOLCAN FISSURAL
La lave s'écoule parfois par des fissures, qui s'ouvrent notamment le long des rides médio-océaniques, là où les plaques lithosphériques s'écartent. De petites fissures se développent sur le flanc de vastes édifices volcaniques, la lave créant alors ce que l'on appelle des «fontaines».

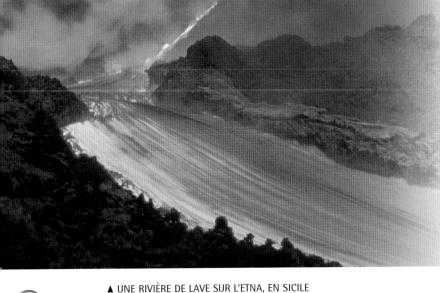

LES DIFFÉRENTES SORTES DE LAVES

PAHOEHOE
Les volcans effusifs produisent deux types de laves, connus sous leurs noms hawaiiens : pahoehoe et aa. Le pahoehoe, très courant dans les éruptions hawaiiennes, est une lave très fluide qui s'écoule vite sur de larges zones. Pendant que sa surface refroidit, elle se frippe et se ride, la lave en fusion continuant à s'épancher en dessous.

AA
Les volcans hawaïens sont célèbres pour leurs fontaines de lave. Celle-ci, pendant sa chute, se refroidit et coagule en une matière grumeleuse appelée aa, qui s'écoule moins vite que le pahoehoe. Alors que le aa s'accumule sur le sol, une croûte épaisse se forme et se casse en grumeaux pendant que la lave continue de s'écouler.

Volcan

▲ UNE RIVIÈRE DE LAVE SUR L'ETNA, EN SICILE
La lave est le nom du magma en fusion après qu'il a surgi à la surface. Les volcans explosifs ont tendance à produire de la lave et autres débris en paquets. Au contraire, les volcans effusifs perdent de la lave en permanence. L'Etna, qui présente les caractéristiques à la fois d'un strato-volcan et d'un volcan bouclier, est toujours actif : il produit beaucoup de lave et est sujet à quelques légères éruptions explosives.

Cendres et vapeur expulsées très haut dans les airs

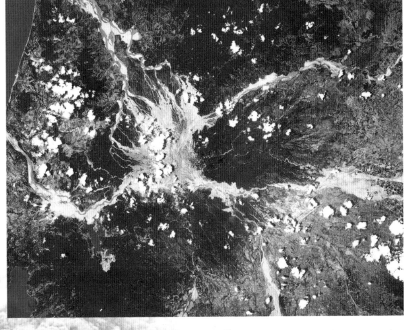

▲ UNE ÉRUPTION PLINIENNE
Les éruptions pliniennes, les plus explosives, tirent leur nom de Pline le Jeune, témoin de l'éruption dévastatrice du Vésuve qui, en 79, a enseveli Pompéi. Lors des éruptions telle que celle du mont Saint Helens (États-Unis) en 1980, une explosion de vapeur et de dioxyde de carbone envoie des nuages de cendres et de fragments volcaniques haut dans la stratosphère.

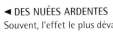

Une nuée ardente de cendres et de magma déferle sur le flanc du volcan.

▲ COULÉES DE BOUE SUR LE PINATUBO
L'éruption du Pinatubo aux Philippines en juin 1991 a été l'une des plus importantes du XXᵉ siècle. Les plus gros dégâts n'ont pas été provoqués par la première explosion, ni par la lave en fusion, mais par de puissantes coulées de boues provoquées par les eaux de pluie mélangées à des cendres et à des débris de roches, qui ont recouvert le sol, détruisant les récoltes et des milliers de bâtiments.

◄ DES NUÉES ARDENTES
Souvent, l'effet le plus dévastateur lors d'une éruption comme celle du Pinatubo provient des nuées ardentes, ou écoulements pyroclastiques. Ce sont des avalanches incandescentes de cendres et de fragments pyroclastiques – morceaux de magma solide expulsés par l'explosion – qui déferlent sur les flancs du volcan. Ces écoulements, qui peuvent atteindre une vitesse de 500 km/h et une température de 800 °C, calcinent tout sur leur passage.

LES ROCHES IGNÉES

Même si notre planète est couverte
d'une fine couche de roches sédimentaires,
la quasi-totalité de la croûte terrestre
est composée de roches ignées (produites
par l'action de la chaleur au centre
de la Terre). Il en existe plus de 600 sortes,
toutes formées à partir du magma.
Parfois, le magma est éjecté à la surface
lors d'une éruption volcanique, et
il se transforme ensuite en roches ignées
extrusives, ou volcaniques. Parfois,
la roche prend la forme d'intrusions,
quand le magma se solidifie sous terre,
et constitue des structures tels
les batholites, les dykes et les sills.

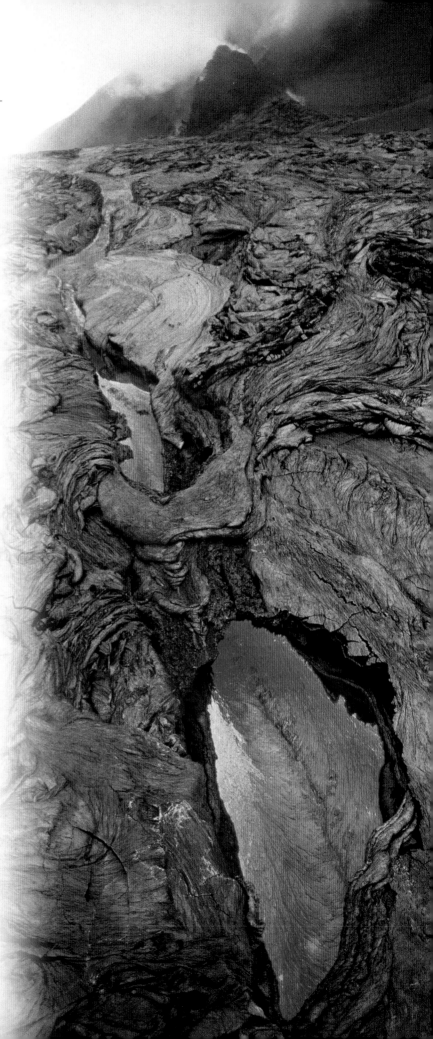

LA FORMATION DES ROCHES EN ACTION ▶
Dans le cratère de certains volcans, par exemple à Hawaii,
on peut voir les roches ignées se former. Le magma en fusion
suinte et la lave s'écoule. La surface de la lave refroidit
si rapidement qu'une croûte de roche se crée, tandis que
la lave chaude (rouge) continue à s'épancher en dessous.
La lave refroidit si vite que les cristaux n'ont pas
le temps de se développer. Le résultat est
une roche à grain fin, comme le basalte.

@ ▶▶
Roche
magmatique

*Les intrusions
de magma
refroidissent
et se solidifient
en profondeur.*

*Des couches
alternées
de cendres
et de lave
forment
la structure
de beaucoup
de volcans.*

*Les nuages brûlants
de cendres et de gouttes
de lave incandescente
vont former une roche
appelée ignimbrite.*

*La roche sédimentaire proche
d'une intrusion peut fondre.*

*De la chambre magmatique
jaillit une énorme quantité
de magma en fusion.*

▲ ET LE MAGMA DEVIENT ROCHE
Le magma peut former des roches ignées soit par le biais d'une
éruption volcanique, soit en se solidifiant massivement en profondeur.
Les volcans déversent le magma sous différentes formes – roche
fondue (lave), cendres, scories, ou même écume à la surface
de la lave – qui toutes, en refroidissant, constitueront des roches.
Les cendres, par exemple, donneront le tuf, et l'écume, la pierre
ponce, une roche si légère et si aérée qu'elle flotte sur l'eau.

DES COULÉES DE LAVE SOLIDIFIÉES ►

La célèbre Chaussée des géants (côte nord de l'Irlande) est une formation spectaculaire de colonnes basaltiques à section hexagonale. Selon la légende, le géant Finn MacCool l'aurait façonnée pour aller à pied sec en Écosse. La réalité est aussi étonnante : une coulée de lave s'est répandue ici il y a environ 60 millions d'années. Les colonnes se sont formées lorsque la lave, en refroidissant, s'est contractée et brisée.

Les colonnes de basalte forment un dallage naturel.

LES STRUCTURES INTRUSIVES

BATHOLITES
Le magma en fusion remontant vers la surface pousse sur son passage d'autres roches, ou les fait fondre. Des masses de magma durcissent en profondeur, créant des roches appelées batholites. Pendant des millions d'années, les roches plus fragiles ont été érodées tout autour, et les batholites ainsi dégagés sont devenus des montagnes.

DYKES (OU FILONS INTRUSIFS)
Un dyke dans le paysage signale une remontée de magma qui a brisé la couche de surface et s'est infiltrée dans la fissure. Alors que la roche de surface, plus fragile, a été érodée, le dyke (ou muraille) a résisté. Les dykes et autres intrusions qui pénètrent à travers les structures rocheuses préexistantes sont appelés intrusions discordantes.

SILLS (OU FILONS-COUCHES)
La bande noire visible ici est un sill, une mince ligne de roche ignée qui s'est formée lorsque le magma a rempli une fissure entre deux couches de roches. Cette ligne peut parfois courir sur toute une région. Les sills et autres intrusions qui suivent la stratification de roches sédimentaires encaissantes sont appelés intrusions concordantes.

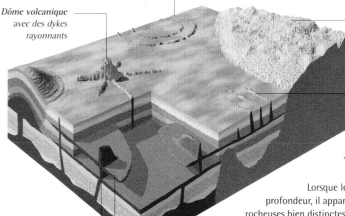

Ring-dykes (fissures circulaires) signalant les lignes de stress autour d'un point de stress

Dôme volcanique avec des dykes rayonnants

Batholite de granite dégagé par l'érosion

Dykes parallèles se formant les uns après les autres

Filon intrusif (dyke) vertical suivant des lignes de stress à travers les strates

Filon-couche horizontal s'infiltrant entre deux couches de roches

◄ LA FORMATION DES INTRUSIONS
Lorsque le magma durcit en profondeur, il apparaît des formations rocheuses bien distinctes. Quand le magma remonte en bulle vers la surface, il engendre de larges dômes (batholites), ou bien de fines couches dans les fissures – les dykes et les sills. Les intrusions magmatiques peuvent prendre d'autres formes, selon la pression et la présence d'autres structures rocheuses.

L'ANDÉSITE À GRAINS FINS ►
Les andésites (qui tirent leur nom des Andes, en Amérique du Sud) sont, après le basalte, les roches volcaniques les plus courantes. L'andésite se forme à partir d'une lave collante qui a tendance à boucher les volcans avant d'être pulvérisée lors d'une énorme explosion. Comme la plupart des roches volcaniques, l'andésite est à grains fins à cause de son refroidissement rapide à la surface de la Terre. Cependant, cet échantillon révèle de gros cristaux, qui se sont formés dans le magma avant d'apparaître à l'air libre.

UNE PEGMATITE À GROS GRAINS ►
Les gros cristaux, visibles à l'œil nu, indiquent que la roche a subi un refroidissement lent dans une intrusion profonde. Les pegmatites se forment généralement dans les fissures qui s'ouvrent lorsque les batholites de granite refroidissent et se solidifient. Ces granites peuvent aussi contenir des cristaux géants de gemmes tels le béryl et la topaze. Les cristaux sombres que l'on voit ci-contre sont des tourmalines.

Gros cristal de tourmaline

IDENTIFIER LES ROCHES IGNÉES

Toutes les roches ignées sont cristallines (faites de cristaux joints). Elles sont généralement faciles à reconnaître grâce à leur apparence brillante et grenue. Quelques-unes, comme l'obsidienne, ont un aspect vitreux (pas de grains). La composition chimique du magma, où il s'est solidifié (en surface ou en profondeur) et la vitesse de refroidissement, tout cela contribue à la grande variété des roches ignées. Les magmas acides donnent des roches pâles, telle la rhyolite ; de moins acides, des roches plus sombres, comme les basaltes. Les roches de profondeur, tel le granite, sont grenues à cause du lent refroidissement. Les roches de surface, par exemple le basalte, sont à grains fins, car le refroidissement a été rapide.

LA TAILLE DES GRAINS (vitesse de refroidissement)

GRAIN FIN (rapide)
La lave se refroidit trop rapidement pour que de gros cristaux puissent se développer, et donc la roche produite est à grains fins. Les cristaux sont trop petits pour être identifiés à l'œil nu, mais ils scintillent lorsque l'on expose la roche à la lumière. Les trois roches de ce type les plus courantes sont le basalte, l'andésite et la rhyolite (ci-contre).

GRAIN MOYEN (moyenne)
Le magma qui refroidit lentement dans les filons souterrains (dykes ou sills) produit des roches à grains moyens. Les cristaux sont assez gros, mais pas toujours suffisamment pour être identifiables à l'œil nu. La dolérite (ci-contre), mouchetée et verdâtre, est la roche à grains moyens la plus courante. On peut la voir par exemple en France dans l'Ariège.

GROS GRAIN (lente)
Le magma cristallise en profondeur, lentement, en larges masses. Les cristaux – tels le feldspath rose et la tourmaline sombre que l'on voit sur ce morceau de pegmatite – ont le temps de se développer, et on peut les identifier à l'œil nu. Les roches ignées à gros grains les plus courantes sont le gabbro et le granite.

▲ UNE LAME D'OBSIDIENNE
L'obsidienne est une roche vitreuse noire, très recherchée jadis par les Aztèques d'Amérique centrale pour façonner des couteaux sacrificiels. Cette roche se forme quand la lave rhyolitique refroidit si vite qu'aucun minéral n'a le temps de se former. L'obsidienne ne se trouve que dans les zones de récente activité volcanique. Elle a tendance à ternir avec le temps.

◄ UN VASE EN PORPHYRE
Ce magnifique vase égyptien (2900 av. J.-C.) est en porphyre, une roche à grains moyens-fins qui contient d'énormes cristaux de feldspath. Les porphyres se développent généralement là où un magma contenant des phénocristaux (grands cristaux) de feldspath formés plus en profondeur a été injecté dans les roches de surface par un dyke ou un sill.

Les visages de certains présidents des États-Unis ((ici George Washington) ont été sculptés sur le mont Rushmore.

@▶▶
Roche magmatique

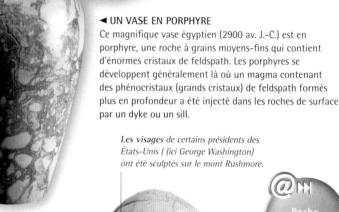

DE GIGANTESQUES SCULPTURES EN GRANITE ▶
La roche ignée est si résistante que tout ce qui est réalisé avec elle – aussi bien un bâtiment qu'une sculpture – résiste au temps. Les visages de quatre présidents américains (G. Washington, T. Jefferson, T. Roosevelt et A. Lincoln) sur le mont Rushmore dans les Black Hills du Dakota du Sud (États-Unis), ont été taillés dans un granite vieux de 1,7 milliard d'années. Le chantier a duré quatorze ans. Les présidents garderont sans doute leurs traits pendant encore des dizaines de milliers d'années. Les zébrures blanches visibles sur le front de Washington et de Lincoln sont des dykes de pegmatite.

CLASSIFICATION PAR LA COMPOSITION CHIMIQUE

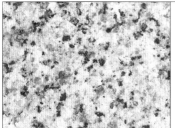

ACIDE
Les magmas contenant plus de 65 % de silice sont dits acides. Les roches acides ont aussi une teneur élevée en quartz (plus de 10 %) et en feldspath. Quand elles cristallisent, le quartz vitreux et le feldspath peu coloré rendent ces roches pâles. Le granite (ci-contre) est une roche acide intrusive. Son équivalent extrusif est la rhyolite.

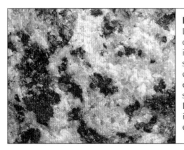

INTERMÉDIAIRE
Les magmas contenant 55-65 % de silice forment des roches dites intermédiaires. Elles sont plus sombres que les roches acides à cause de leur teneur moins élevée en quartz et ont plus de minéraux sombres, comme la hornblende. La diorite (ci-contre) est une roche intrusive intermédiaire. Son équivalent de surface est l'andésite.

BASIQUE
Les magmas avec 45-55 % de silice forment les roches basiques, sombres, quasi noires. À la surface, la lave basique donne le basalte, à grains fins, la roche ignée la plus courante. Dans des sills et des dykes, juste sous la surface, les magmas basiques forment la dolérite, à grains moyens, alors qu'en profondeur ils donnent le gabbro (ci-contre), à gros grains.

ULTRABASIQUE
Les roches ignées contenant moins de 45 % de silice et aucun feldspath sont dites ultrabasiques. Les roches telles que la péridotite (ci-contre) et la pyroxénite sont composées essentiellement de pyroxènes et d'olivine. La péridotite, qui remonte du manteau lors des collisions continentales, est relativement rare.

La longévité des sculptures s'explique par le fait qu'elles sont taillées dans du granite.

LE HALF DOME ▲
Le Half Dome du Yosemite National Park (Californie, États-Unis), dans la sierra Nevada, est un exemple étonnant de batholite exposé (voir p. 25). Une large masse de magma solidifiée en profondeur il y a 50 millions d'années a été graduellement dégagée pendant des millions d'années, tandis que s'érodaient les roches plus fragiles (non ignées) qui la couvraient. La demi-coupole dure en granodiorite (mélange de granite et de diorite) a peut-être été charriée puis coupée en deux par un glacier.

DES AMYGDALES DANS LE BASALTE

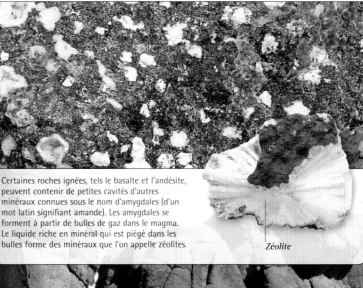

Certaines roches ignées, tels le basalte et l'andésite, peuvent contenir de petites cavités d'autres minéraux connues sous le nom d'amygdales (d'un mot latin signifiant amande). Les amygdales se forment à partir de bulles de gaz dans le magma. Le liquide riche en minéral qui est piégé dans les bulles forme des minéraux que l'on appelle zéolites.

Zéolite

LES ROCHES MÉTAMORPHIQUES

Les roches d'origine ont été tellement transformées par une exposition à des pressions et/ou à des températures intenses qu'on ne les reconnaît plus. Le métamorphisme de contact se produit quand une roche vient «se brûler» au contact d'une intrusion contenant du magma en fusion. Les températures extrêmes peuvent tellement modifier la disposition des cristaux dans la roche que celle-ci devient autre, par exemple marbre ou cornéenne, selon l'intensité de la température subie.

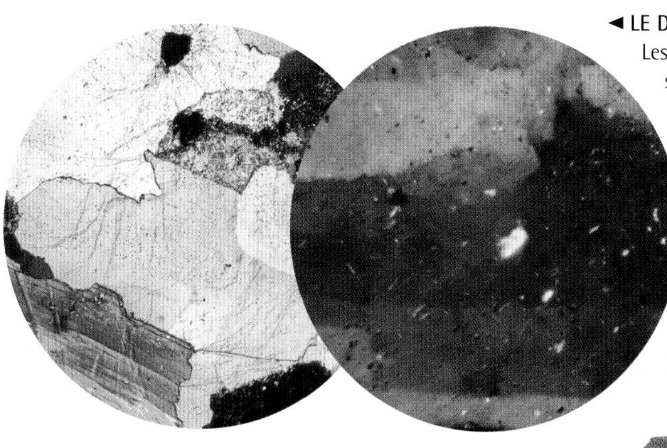

QUARTZ : AVANT

QUARTZ : APRÈS

◄ LE DYNAMOMÉTAMORPHISME
Les métamorphismes de contact ne sont pas tous causés par l'activité volcanique. Quand des météorites heurtent la Terre, l'impact envoie une terrible onde de choc à travers le sol, écrasant les roches au point que leur densité est doublée ou triplée. Cette micrographie montre les changements appliqués à la structure d'un cristal de quartz.

Argile transformée en cornéenne

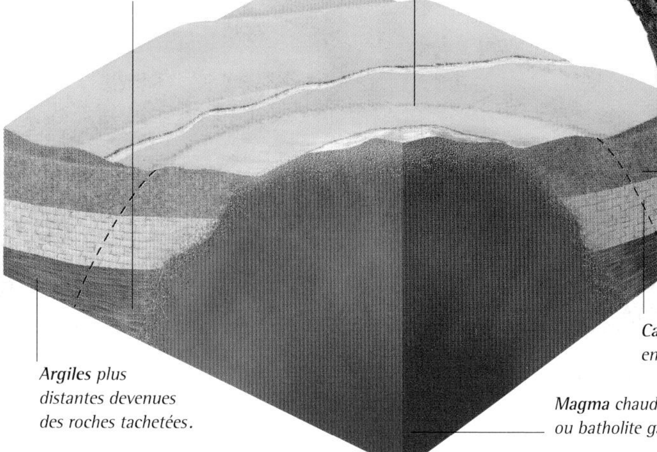

Auréole de contact : zone d'altération par la chaleur des roches autour du batholite

CORNÉENNE : TRANSFORMATION À PARTIR D'UNE ARGILE

Grès devenu métaquartzite

Argiles plus distantes devenues des roches tachetées.

Calcaire transformé en marbre

Magma chaud granitique ou batholite gabbroïque

▲ LE MÉTAMORPHISME DE CONTACT

L'intense chaleur dégagée par un large batholite de magma transforme toutes les roches encaissantes. Plus les roches sont proches du batholite et plus la taille du batholite est grande, plus elles sont altérées par la chaleur. Les grès se transforment en quartzite dur. Les calcaires deviennent du marbre brillant blanc ou zébré. Plus proches des bordures du batholite, les argiles se transforment en cornéennes, cassantes et sombres. Un peu plus loin, certains minéraux sont conservés et de nouveaux se développent, donnant un aspect tacheté à la roche.

DES FORCES TITANESQUES ►

Les températures et les pressions impliquées dans le métamorphisme sont énormes. Il en résulte des roches très résistantes qui peuvent supporter l'érosion pendant des millions d'années. Certains métamorphismes se trouvent en profondeur. Ici, les plaques lithosphériques bougent avec tellement de force qu'elles peuvent ouvrir des abysses dans le plancher océanique ou soulever des chaînes de montagnes gigantesques, comme ici les Alpes Stauning, au Groenland.

Cristaux de grenat

Roche métamorphique

Schiste créé à partir d'une argile

▲ DE NOUVEAUX CRISTAUX

Le magma fondu est si chaud qu'il peut virtuellement faire fondre les roches encaissantes – les roches qui existaient avant que le métamorphisme n'ait eu lieu –, permettant à de nouveaux cristaux de se développer. Par exemple, l'andalusite, la cyanite et la sillimanite sont typiques du métamorphisme, car elles ne se forment qu'à hautes températures et hautes pressions. De très beaux cristaux de gemmes se forment de la même façon, comme les grenats almandins (ci-dessus) incrustés dans le schiste – une forme très métamorphisée d'argile.

◀ DU GRÈS À LA QUARTZITE

Les grains de quartz contenus dans le grès sont si résistants que même la chaleur du métamorphisme a peu d'effets – transformant seulement un grès (à gauche) en un quartzite (à droite). Le quartzite est si dur qu'il a résisté notamment en Australie-Occidentale, où il fait partie des roches les plus anciennes de la Terre : environ 3,5 milliards d'années.

◀ DU CALCAIRE AU MARBRE

Le calcaire (à gauche) et la dolomite sont transformés en marbre (à droite) par une exposition à une température et à une pression extrêmes. Le calcaire est riche en calcite (carbonate de calcium), qui provient de la matière organique. Mat et poudreux, il se transforme par métamorphisme de contact en marbre dur et blanc.

Le marbre blanc de Carrare est très recherché pour sa pureté.

On vérifie que le bloc n'a ni failles ni zébrures colorées.

Le David de Michel-Ange a été taillé dans un seul bloc de marbre que l'artiste a minutieusement choisi dans les carrières de Carrare.

LES CARRIÈRES DE MARBRE DE CARRARE ▲

Dans les régions montagneuses, le métamorphisme régional et de contact (où une énorme pression est exercée sur une très vaste région) peut cristalliser le calcite dans le calcaire, le transformant en marbre. Plus le calcaire est pur, plus le marbre est blanc. Le marbre brillant et blanc de Carrare dans les Apennins (Italie) était le plus parfait des marbres aux yeux des sculpteurs de la Renaissance, comme Michel-Ange. Les impuretés (comme la silice et le fer) contenues dans le calcaire originel donnent aux zébrures d'autres marbres leurs belles couleurs.

LE MÉTAMORPHISME GÉNÉRAL

Les incroyables forces mises en œuvre quand des plaques lithosphériques se heurtent peuvent écraser et « cuire » des roches sur une vaste région, métamorphisant les roches sur un vaste territoire. Parfois, le métamorphisme général peut créer des roches identiques à celles produites par le métamorphisme de contact. Mais, dans d'autres cas, le métamorphisme est si intense qu'il donne naissance à de nouvelles roches. Le plus extrême des métamorphismes crée ses propres structures déformantes.

LES DEGRÉS DU MÉTAMORPHISME

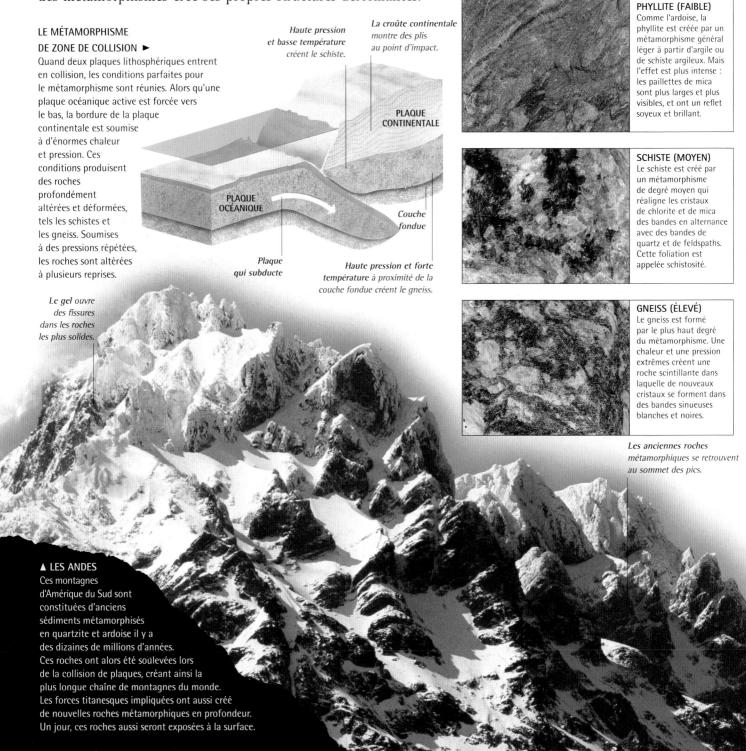

ARDOISE (FAIBLE)
L'argile est transformée en ardoise en feuillets et grise par le métamorphisme général. Haute pression et basse température peuvent réaligner les minéraux de l'argile, comme le mica et la chlorite, en feuillets.

PHYLLITE (FAIBLE)
Comme l'ardoise, la phyllite est créée par un métamorphisme général léger à partir d'argile ou de schiste argileux. Mais l'effet est plus intense : les paillettes de mica sont plus larges et plus visibles, et ont un reflet soyeux et brillant.

SCHISTE (MOYEN)
Le schiste est créé par un métamorphisme de degré moyen qui réaligne les cristaux de chlorite et de mica des bandes en alternance avec des bandes de quartz et de feldspaths. Cette foliation est appelée schistosité.

GNEISS (ÉLEVÉ)
Le gneiss est formé par le plus haut degré du métamorphisme. Une chaleur et une pression extrêmes créent une roche scintillante dans laquelle de nouveaux cristaux se forment dans des bandes sinueuses blanches et noires.

LE MÉTAMORPHISME DE ZONE DE COLLISION ►

Quand deux plaques lithosphériques entrent en collision, les conditions parfaites pour le métamorphisme sont réunies. Alors qu'une plaque océanique active est forcée vers le bas, la bordure de la plaque continentale est soumise à d'énormes chaleur et pression. Ces conditions produisent des roches profondément altérées et déformées, tels les schistes et les gneiss. Soumises à des pressions répétées, les roches sont altérées à plusieurs reprises.

Haute pression et basse température créent le schiste.

La croûte continentale montre des plis au point d'impact.

PLAQUE CONTINENTALE

PLAQUE OCÉANIQUE

Couche fondue

Plaque qui subducte

Haute pression et forte température à proximité de la couche fondue créent le gneiss.

Les anciennes roches métamorphiques se retrouvent au sommet des pics.

Le gel ouvre des fissures dans les roches les plus solides.

▲ LES ANDES
Ces montagnes d'Amérique du Sud sont constituées d'anciens sédiments métamorphisés en quartzite et ardoise il y a des dizaines de millions d'années. Ces roches ont alors été soulevées lors de la collision de plaques, créant ainsi la plus longue chaîne de montagnes du monde. Les forces titanesques impliquées ont aussi créé de nouvelles roches métamorphiques en profondeur. Un jour, ces roches aussi seront exposées à la surface.

LA SCHISTOSITÉ ►

Les roches métamorphisées à partir d'argile et de schiste argileux sont souvent marquées par des lignes droites ou sinueuses appelées foliations. Les lignes sombres sont créées quand les bandes en feuillets de minéraux, comme les micas, sont écrasées par la pression. L'ardoise, la phyllite, le schiste et le gneiss présentent tous des schistosités. Les roches métamorphisées à partir du calcaire (marbre), du grès (quartzite) et le charbon (anthracite) ne présentent aucun de ces plissements, et les cristaux emboîtés ne montrent pas de motif particulier. Cette texture est dite grenue.

Un agrandissement de gneiss montre la biotite, un mica noir.

Le gneiss dans cette falaise montre des bandes de quartz et de feldspath.

Plans de clivage plats, où l'ardoise est facilement brisée.

◄ CARRIÈRE D'ARDOISE AU PAYS DE GALLES

Dans l'ardoise, tous les minéraux sont gris sombre et à grains fins. La foliation de l'ardoise ne crée pas d'alternance de bandes sombres et claires. À la place, la pression réorganise les minéraux de mica et de chlorite en couches. Cela produit une roche qui se clive (casse) facilement en feuillets plats et soyeux, dont certains peuvent être de très grande taille.

LE DÉLITAGE DE L'ARDOISE

L'ardoise est friable et s'écaille facilement, mais elle est aussi très résistante à l'altération. C'est ce qui en a fait le matériau idéal pour couvrir les toits aux xixᵉ et xxᵉ siècles. Les ardoisiers étaient des artisans habiles, capables à l'aide d'un marteau et d'un ciseau de séparer des blocs de roche en de fines tuiles rectangulaires. Cette technique s'est à présent industrialisée et est mise en œuvre notamment pour restaurer les anciens bâtiments.

Bandes séparées de minéraux blancs et sombres

GNEISS PLISSÉ

@ ⋔
Roche métamorphique

PLISSEMENT ►

Dans le gneiss plissé, l'alternance de bandes claires de quartz et de feldspath et de bandes sombres de mica et de hornblende est très visible. Le plissement est dû à la déformation d'une roche lors de mouvements tectoniques qui ne sont pas assez puissants pour altérer sa composition. Ici, une falaise dans le sud du pays de Galles (Royaume-Uni).

Spectaculaire plissement de couches d'argiles et de grès

LES ROCHES SÉDIMENTAIRES

Les roches sédimentaires se forment à partir des fragments d'autres roches et de matière vivante. Bien que ne représentant que 5% du volume de la croûte terrestre, elles couvrent environ 75% de la surface de la Terre. On en distingue trois catégories : détritiques (à partir des particules de roches), chimiques ou inorganiques (à partir des particules solubles dans l'eau) et organiques (à partir des restes des végétaux). Quelques roches sédimentaires contiennent des fossiles, qui sont importants pour comprendre l'histoire géologique de notre planète.

◄ DES COUCHES SÉDIMENTAIRES
Quand une roche est exposée aux éléments – le vent, la pluie et les cycles répétitifs de gel et dégel –, elle s'érode doucement. Les fragments sont emportés par l'eau, le vent et la glace, et se déposent en couches. Avec le temps, ces couches sont enfouies sous d'autres sédiments et, parfois, elles durcissent, formant des roches sédimentaires. Quand ces roches sont exposées en coupe, comme ici, on distingue très nettement l'empilement des différentes couches sédimentaires.

@ ►►
Roche sédimentaire

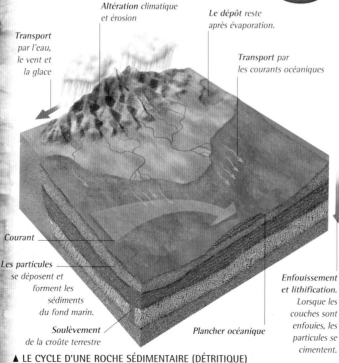

Altération climatique et érosion

Le dépôt reste après évaporation.

Transport par l'eau, le vent et la glace

Transport par les courants océaniques

Courant

Les particules se déposent et forment les sédiments du fond marin.

Soulèvement de la croûte terrestre

Plancher océanique

Enfouissement et lithification. Lorsque les couches sont enfouies, les particules se cimentent.

▲ LE CYCLE D'UNE ROCHE SÉDIMENTAIRE (DÉTRITIQUE)
Dans cette phase du cycle de la roche, les roches sédimentaires détritiques se forment à partir de millions de fragments de roches. Ces particules ont été transportées par le vent, l'eau et la glace, puis déposées sur le plancher océanique, au fond des lacs et des rivières. Les couches sédimentaires s'enfouissent les unes après les autres, jusqu'à ce que les particules se cimentent par l'effet du poids des couches s'accumulant au-dessus et des minéraux déposés par l'eau qui s'infiltre à travers le sédiment. Au bout de millions d'années, les couches sédimentaires forment des roches sédimentaires.

LA TAILLE DES PARTICULES DES ROCHES DÉTRITIQUES

BLOCS
Les roches détritiques sont constituées de particules de différentes tailles, allant du microscopique (argile) à l'énorme (blocs). Les blocs – rochers de plus de 25 cm de diamètre – ont tendance à être transportés par les glaciers. Quand des blocs plus petits s'associent avec des particules fines, ils forment un mélange, ou conglomérat.

PETITS BLOCS, GROS GALETS
Leur taille varie de 6 à 25 cm de section. D'énormes forces trient les particules par taille, aussi trouve-t-on ces gros galets dans des environnements de forte énergie hydrodynamique : torrents, glissements de terrain. Ils se combinent et forment des conglomérats (poudingue) ou des brèches – voir p. 33.

GALETS
Composants typiques des conglomérats (poudingue) dont la taille est comprise entre 4 mm et 60 mm. Les galets étant continuellement roulés et cognés dans le lit des rivières et sur les bords de mer, leurs arêtes sont graduellement émoussées, la forme arrondie suggérant une longue période de transport.

SABLE
Après le galet vient le gravier, puis le sable. Les grains de sable peuvent mesurer 2 mm et sont toujours visibles à l'œil nu. Ils se trouvent dans de nombreux environnements différents, des lacs de montagne aux fonds marins. Ils s'associent en formant le grès.

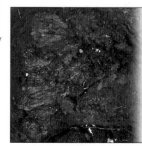

LIMON
Les particules de limon, plus petites que les grains de sable, ne sont pas visibles à l'œil nu. Résultant d'une longue érosion, les particules se déposent dans des lits de rivières calmes avec peu ou pas de courant. Elles se combinent pour former des roches à grains fins comme les argiles et les schistes argileux.

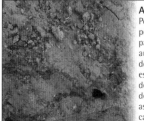

ARGILE
Peu d'énergie est nécessaire pour transporter les infimes particules argileuses, aussi l'argile se dépose-t-elle doucement ; c'est elle qui est transportée le plus loin des côtes. L'accumulation de ces particules est souvent associée à des environnements calmes tels les lacs, les marais et les lagons.

voir p. 33.

▲ STRATIFICATION AVEC DISCORDANCE

Les roches sédimentaires se forment quand des couches de sédiments se déposent en couches. Cette stratification est le trait le plus caractéristique de ces roches. Chaque couche est unique, avec, selon les conditions du dépôt, des variations dans la composition et l'épaisseur. Le plan de stratification – la séparation entre deux couches – est généralement révélé par une ligne à travers la roche. Les discordances sont des cassures dans le schéma régulier des couches, à l'endroit où une nouvelle phase dans la construction de la roche a commencé par-dessus l'ancienne.

▲ STRATIFICATION ENTRECROISÉE

La plupart des couches sont horizontales, car les sédiments sont généralement déposés par un fluide. Mais, parfois, des couches en pente se forment à travers et dans la couche principale : le résultat est une stratification entrecroisée. Cette structure est caractéristique des dunes de sable, des deltas et de certaines vallées fluviales. C'est ce que l'on observe dans le grès des cañons du Colorado (États-Unis) où les couches en pente témoignent des changements de direction des courants au cours des âges.

◄ ARGILE (OU PÉLITE)

Dans le groupe des roches à grains fins, la pélite, le schiste argileux et la siltite sont les roches sédimentaires les plus répandues. La pélite se brise en morceaux ou en blocs, alors que le schiste argileux se délite en plaques.

◄ CONGLOMÉRAT (OU POUDINGUE)

Les conglomérats sont formés de galets arrondis cimentés avec une matrice silteuse. Cet assemblage est si résistant que les conglomérats étaient autrefois utilisés pour moudre le grain.

Une fine matrice de sédiments lie les fragments de roche.

Fragments anguleux de granite et autres roches

LŒSS ►

Le lœss est composé de poussière et de limon qui provient probablement des marges de retrait des calottes glaciaires. Il peut être soulevé par le vent sur de grandes distances et former des sols extrêmement fertiles. Environ 10 % de la planète sont couverts par de larges dépôts de lœss, notamment en Chine du Nord.

BRÈCHE ►

De larges fragments anguleux dans l'assemblage d'une roche sédimentaire définissent une brèche. La plupart des brèches se trouvent en montagne, où l'alternance gel-dégel casse la roche en gros morceaux coupants, qui se rassemblent en dépôts coniques au pied des fortes pentes.

◄ GRÈS

Le quartz est le minéral prédominant dans la plupart des grès. Les grès contenant des feldspaths sont appelés arkose ; ceux formés à partir d'un mélange de particules, grauwacke. Le grès se sculpte facilement et résiste à l'altération.

LES SÉDIMENTS CHIMIQUES

Si les roches sédimentaires détritiques laissent souvent
voir les minéraux originels ou même les galets entiers
qui les composent, en revanche, la texture poudreuse des
roches sédimentaires produites par l'action des éléments
chimiques ne révèle aucune trace des fragments d'origine.
Ces roches se forment à partir de minéraux, comme
la calcite, qui se dissolvent dans l'eau. Ces minéraux
dissous peuvent créer des dépôts solides ou des précipités.
Certains précipités remplissent simplement l'espace
entre d'autres sédiments ; d'autres forment
de nouvelles roches, par exemple
les calcaires.

UNE FORMATION OOLITHIQUE ▲
Les oolithes se forment dans les eaux tropicales
chaudes, peu profondes et riches en carbonates,
comme ici autour des Bahamas. Tous les sites où
ces calcaires apparaissent ont connu les mêmes
conditions il y a des millions d'années, par exemple
le Kansas (États-Unis), et le Dorset (Angleterre).

CALCAIRE OOLITHIQUE ▶
Le calcaire oolithique est formé de minuscules
billes de calcite appelées oolithes (du grec *ôon*,
œuf, et *lithos*, pierre) en raison de leur
apparence. La roche est d'ailleurs connue aussi
sous le nom de « calcaire à œufs de poisson ».
Les oolithes se forment quand la calcite précipite
dans de l'eau chaude sursaturée et se colle
à de petits grains de limon qui roulent dans
le mouvement continu des vagues.

*Crêtes acérées
formées par
l'altération chimique*

*« Billes » oolithiques
formées par
des dépôts de calcite*

*Roche carbonatée
compacte*

▲ CALCAIRE DOLOMITIQUE
Dans les mers tropicales peu profondes où l'évaporation
est intense, les minéraux carbonatés peuvent précipiter
dans les fonds marins. Quand le carbonate majoritaire
est le calcium, il se forme du calcaire. Lorsque
c'est le magnésium (courant dans l'eau de mer),
il se forme des calcaires dolomitiques.

LES DOLOMITES ▶
Le terme « calcaire dolomitique » vient de la chaîne des
Dolomites, dans le nord de l'Italie, à la pointe est des
Alpes. Comme les sédiments alpins, le calcaire des
Dolomites s'est formé sur le fond de la mer qui, il y a très
longtemps, s'étendait entre l'Europe du Nord et l'Afrique.
Pendant des millions d'années, la pression vers le nord
de la plaque africaine a fait surgir la spectaculaire
chaîne de montagnes que l'on voit aujourd'hui.

Tour de travertin

▲ LES TOURS DE TRAVERTIN DU LAC MONO, EN CALIFORNIE

Le travertin, une roche blanche formée à partir des dépôts
de calcite (carbonate de calcium), se forme autour des sources
ou dans des grottes, sur les stalagmites et stalactites. Dans
les lacs riches en carbonates, où les sources chargées en calcium
bouillonnent, des tours de travertin se forment quand
le calcium s'associe avec le carbonate. Les tours croissent sous
l'eau, mais, dans le lac Mono, elles sont devenues visibles parce
que le niveau de l'eau a baissé. La région des Trona Pinnacles
du désert de Mohave (Californie) présente des tours de travertin
hautes de 43 m laissées par l'évaporation d'anciens lacs.

FORMATION DE NODULES MINÉRAUX DANS LES ROCHES SÉDIMENTAIRES

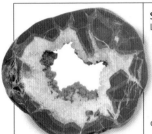

SEPTARIAS
Les septarias sont tout d'abord
des boules de boue qui se forment
autour des organismes marins en
décomposition. Quand ces boules
sèchent, elles se remplissent
de minéraux, telle la dolomite,
et deviennent des nodules.
Ceux-ci à leur tour craquent,
et les fissures se remplissent
de veines de calcite (ici en blanc).

SILEX
Les nodules de silex présents dans
les craies et autres calcaires se
forment quand des bulles d'un fluide
riche en silice – à partir des restes
des éponges marines – solidifient.
À l'extérieur couverts de bosses,
de galets blancs, ils ont à
l'intérieur l'aspect du verre brun.
Ils se cassent avec une fracture
coupante, d'où leur usage comme
couteaux à l'âge de la pierre.

NODULES DE PYRITE
Souvent confondus avec des
météorites à cause de leur forme,
ils sont présents dans l'argile et les
schistes argileux, où on reconnaît
les cristaux en forme d'aiguilles
radiantes autour d'un fragment
de minéral. La pyrite, qui produit
des étincelles lorsqu'on la frotte
contre une autre pierre, a
probablement été l'un des premiers
briquets de l'humanité.

*Le sel brut
a commencé
à cristalliser sur
la bordure du lac.*

▲ LES ÉVAPORITES DU LAC SALÉ DE QINGHAI, EN CHINE

Les évaporites sont d'abord des sels dissous dans l'eau. Quand celle-ci
s'évapore, elles restent en dépôt. Les minéraux typiques contenus dans
les évaporites sont l'halite (roche salée) et le gypse. Elles sont communes
là où la mer s'est évaporée : dans les lagons et autour des lacs salés
des régions désertiques, tels le Grand Lac Salé dans l'Utah, aux États-Unis,
et le lac salé Qinghai, en Chine.

Roche
sédimentaire

*Relief dentelé provoqué par
l'érosion chimique du calcaire*

UN PAYSAGE KARSTIQUE EN CHINE ▶

La forêt de pierre de la province du Yunnan est un exemple
célèbre de relief karstique. Le karst tire son nom des formations
calcaires caractéristiques de la région du Karst, en Slovénie. Le
calcaire est facilement dissous par les pluies acides qui ruissellent
le long des fissures des roches. Ces fantastiques formes sont le
résultat de dizaines de milliers d'années de corrosion chimique.

LES GROTTES

Bien des montagnes, collines et falaises sont percées de trous
naturels ou de grottes. Les plus fréquentes et les plus vastes
des grottes résultent de la dissolution de la roche
par les éléments chimiques contenus dans les eaux
de ruissellement. C'est ce qu'on appelle la « solution
des grottes », typique des régions calcaires
où s'ouvrent souvent de formidables cavernes.
Mais il existe d'autres processus. Les grottes
sous-marines, par exemple, sont creusées
au pied des falaises où le choc répété
des flots ouvre des fissures. Les grottes
glaciaires résultent de la fonte de la glace
sous les glaciers. Les grottes de lave sont
des tunnels laissés par les coulées brûlantes.

Source
au débouché
d'une rivière souterraine

Un lac souterrain
marque le haut de la
surface piézométrique.

Des grottes
se forment à
différents niveaux.

Puisard par où
un cours d'eau
s'infiltre
en profondeur.

Doline par où
l'eau s'écoule
dans un puits vertical.

Galerie pleine de formations
inhabituelles de minéraux
de calcite, dont cette arche

Les stalactites pendent
du plafond de la grotte.

Une couche
imperméable de roche
force l'eau
à revenir à la surface.

▲ LES SYSTÈMES DE GROTTES

Il y a peu d'eau en surface dans les régions calcaires, car elle
s'infiltre très facilement à travers les fissures (diaclases) du
calcaire. Les rivières plongent dans les dolines, et comme
l'eau s'écoule naturellement vers le bas, l'acide qu'elle
contient dissout les roches et élargit les conduits en tunnels
et en grottes. À un certain point, l'eau rencontre la surface
piézométrique – niveau en dessous duquel la roche est en
permanence mouillée par l'eau souterraine. C'est là que l'on
trouve les plus grandes grottes. La surface piézométrique
varie avec les changements climatiques, c'est pourquoi des
grottes se forment à différents niveaux. Depuis des milliers
d'années, des systèmes complexes de réseaux de grottes à
différents niveaux peuvent se développer, telles les célèbres
Mammoth Caves du Kentucky (États-Unis).

@IN
Grotte

LES PEINTURES DE LASCAUX

Au cours des temps préhistoriques, les hommes séjournaient dans les grottes. Pour preuve,
les outils et les peintures rupestres fréquemment retrouvés en Europe de l'Ouest, en Chine
et en Afrique du Sud. Ces « hommes des cavernes » ne vivaient pas dans les grottes mais
s'y réfugiaient en cas d'intempéries ou pour se protéger des prédateurs, dont ils ont peint
des images peut-être dans un but religieux. Quelques-unes des plus célèbres peintures
pariétales se trouvent à Lascaux (Dordogne), et ont été réalisées il y a environ 17 000 ans.
Par souci de péservation, la grotte est fermée au public et l'on visite une reconstitution.

LES FORMATIONS DANS LES GROTTES (SPÉLÉOTHÈMES)

STALAGMITES
Ces pointes et colonnes rocheuses sont construites sur le sol des grottes par le goutte-à-goutte constant d'une eau riche en calcite. Quand l'eau s'évapore, la calcite précipite, s'accumule doucement, augmentant au fur et à mesure la structure. Quand une stalagmite grandit suffisamment pour rencontrer une stalactite, il se forme un pilier. Le Monarch (ci-contre), d'une hauteur de 27 m, se trouve dans les cavernes de Carlsbad, un énorme réseau de cavernes calcaires et de tunnels qui s'étend sur plus de 50 km au Nouveau-Mexique (États-Unis).

STALACTITES
Les stalactites se forment au fur et à mesure que l'eau dégouline goutte à goutte du plafond de la grotte. Avant de tomber au sol, chaque goutte pend pendant un petit moment au bout de la stalactite et laisse un précipité de calcite à la pointe. La goutte suivante se forme au même endroit et laisse aussi un dépôt. Très doucement, ces dépôts constituent un tube. C'est pourquoi de nombreuses stalactites sont creuses ou partiellement creuses en leur centre. La plus longue stalactite du monde, longue de 6,20 m, se trouve à Poll-an-Ionain, dans le comté de Clare (Irlande).

PERLES DE GROTTE
Rares, évoquant des galets blancs, ces formations sont dues à l'eau qui, gouttant dans une flaque, perd son dioxyde de carbone et dépose de la calcite autour d'un grain de sable ou de roche. Les mouvements de l'eau font rouler ce grain qui grossit et devient parfois une sorte de perle parfaitement ronde et polie. Les couches de calcite s'accumulent autour de la perle pendant des milliers d'années jusqu'à ce qu'elle soit trop lourde pour que l'eau puisse la faire rouler et qu'elle se fixe. Des « nids » de perles (ci-contre) se constituent ainsi dans certaines grottes.

Les stalagmites croissent vers le haut.

▲ UN PALAIS SOUTERRAIN ILLUMINÉ
Les grottes calcaires se prêtent à des effets spectaculaires : ici les cavernes Yunshui, province de Fangshan, près de Pékin, en Chine, éclairées en couleurs. Ces grottes sont couvertes de différentes sortes de dépôts de calcite (carbonate de calcium), les spéléothèmes, créés par le dégoulinement constant de l'eau saturée en calcite, qui est dissoute à partir du calcaire. Les plus grands dépôts de caverne créent des décors de piliers et de plates-formes. Les couleurs varient de l'albâtre au rouge mat dû aux dépôts de fer. Les structures des cavernes les plus connues sont les stalactites et les stalagmites. Les structures en hélice s'appellent des hélictites.

UNE DOLINE ▶
Après que les pluies acides ont creusé une grotte dans le calcaire à faible profondeur, le plafond de la grotte peut devenir très mince, s'effondrer et former une doline. Alors que tout semble solide en surface, des changements de conditions, tels le développement urbain ou de forts orages, préparent l'effondrement. Cette vaste doline s'est ouverte dans la plaine aride de Nullarbor, en Australie-Occidentale.

Doline causée par l'effondrement du plafond d'une caverne proche de la surface

▲ UNE OASIS DANS LE DÉSERT
L'eau souterraine, stockée dans le sol ou dans les roches perméables – que l'eau peut traverser –, sort à l'air libre là où un trou permet à la surface piézométrique de monter, comme dans cette oasis du désert du Namib (sud de l'Afrique). L'eau peut surgir après que de fortes pluies ou la fonte des neiges ont fait monter la surface piézométrique, ce qui crée une source, un puits ou même un lac.

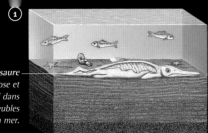

(1) L'ichtyosaure se décompose et est enfoui dans les sédiments meubles du fond de la mer.

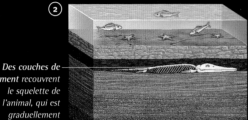

(2) Des couches de sédiment recouvrent le squelette de l'animal, qui est graduellement minéralisé.

(3) Le poids du sol compresse le squelette fossilisé.

(4) L'érosion enlève les sédiments de surface et met au jour le squelette.

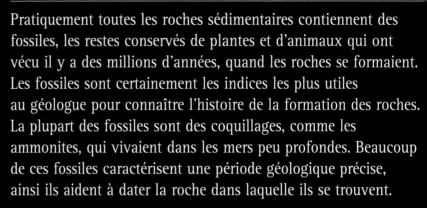

Pratiquement toutes les roches sédimentaires contiennent des fossiles, les restes conservés de plantes et d'animaux qui ont vécu il y a des millions d'années, quand les roches se formaient. Les fossiles sont certainement les indices les plus utiles au géologue pour connaître l'histoire de la formation des roches. La plupart des fossiles sont des coquillages, comme les ammonites, qui vivaient dans les mers peu profondes. Beaucoup de ces fossiles caractérisent une période géologique précise, ainsi ils aident à dater la roche dans laquelle ils se trouvent.

Empreinte de pas d'un théropode, probablement Allosaurus

◀ LA FOSSILISATION D'UN ICHTYOSAURE
Normalement, seules les parties dures d'un animal, os ou coquille, se fossilisent, car souvent les parties molles pourrissent trop vite pour que le processus ait le temps de se réaliser. Cette séquence montre comment un ancien reptile marin, l'ichtyosaure, s'est fossilisé dans la boue d'un fond marin.

▲ LES EMPREINTES FOSSILES
Ce sont les traces laissées par un animal, par exemple des empreintes de pas ou des nids. Des empreintes parfaitement conservées ont révélé la piste d'un théropode, ou dinosaure carnivore, aux pattes munies de trois orteils et qui a marché dans la boue il y a plus de 170 millions d'années.

Un corps hydrodynamique adapté aux déplacements rapides

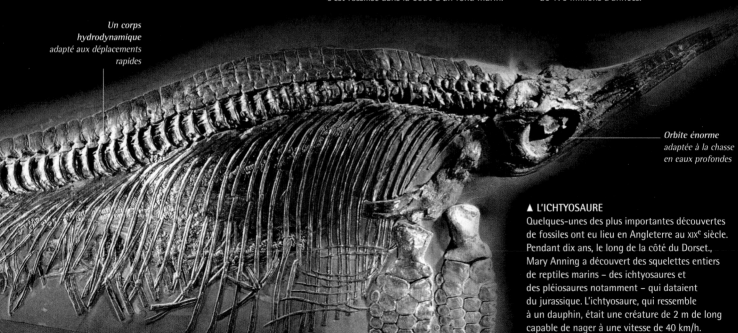

Orbite énorme adaptée à la chasse en eaux profondes

▲ L'ICHTYOSAURE
Quelques-unes des plus importantes découvertes de fossiles ont eu lieu en Angleterre au XIXᵉ siècle. Pendant dix ans, le long de la côte du Dorset., Mary Anning a découvert des squelettes entiers de reptiles marins – des ichtyosaures et des pléiosaures notamment – qui dataient du jurassique. L'ichtyosaure, qui ressemble à un dauphin, était une créature de 2 m de long capable de nager à une vitesse de 40 km/h.

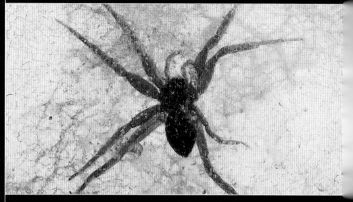

UNE ARAIGNÉE PIÉGÉE DANS L'AMBRE

L'ambre – dont la belle couleur jaune est appréciée en joaillerie et orfèvrerie – est la résine (sève collante) fossile de certaines espèces de pins. Les insectes sont si fragiles qu'ils sont rarement fossilisés. En revanche, à l'instar des lichens, des petits lézards et des grenouilles piégés dans cette résine lorsqu'elle suinte du tronc et se fige avant de durcir, se conservent dans l'ambre pendant des millions d'années. Parfois, même les veines fragiles des ailes des insectes sont préservées. L'ambre est extrêmement utile pour la recherche d'ancien ADN qui aurait été préservé dans les tissus mous. En effet, dans la plupart des os fossilisés, tout le matériel organique est minéralisé et donc inexploitable.

▲ D'ANCIENS COQUILLAGES

es ammonites sont des coquillages qui ont disparu, mais évoquent les calamars et les seiches. Ces créatures ont vécu ur Terre pendant 160 millions d'années usqu'à la fin du crétacé, il y a 5 millions d'années. Ils étaient si répandus et si variés, évoluant apidement avec le temps, qu'ils sont devenus des repères pour les géologues, ndiquant exactement l'âge d'une roche.

▲ DES FOSSILES DE FOUGÈRES

La découverte de grandes concentrations de fougères fossiles datant de peu après l'extinction massive des dinosaures confirme l'hypothèse d'un désastre climatique global pour expliquer la disparition soudaine de ces animaux. En effet, les fougères sont souvent les premiers végétaux qui repoussent après des éruptions volcaniques ou autres catastrophes.

Son nez de 70 cm procurait à T. rex un sens aigu de l'odorat.

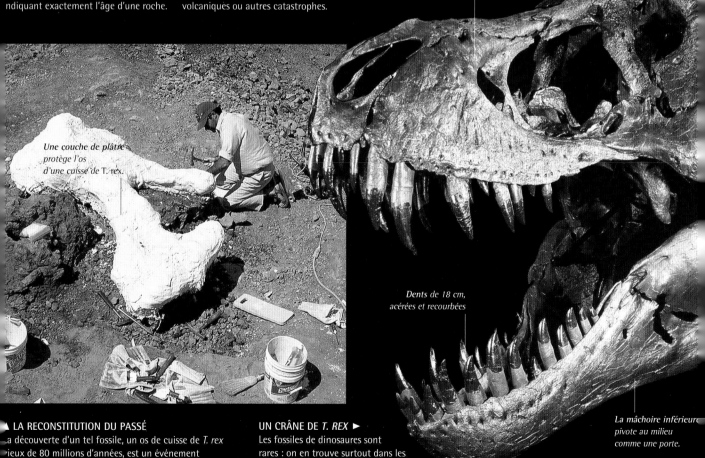

Une couche de plâtre protège l'os d'une cuisse de T. rex.

Dents de 18 cm, acérées et recourbées

La mâchoire inférieure pivote au milieu comme une porte.

▲ LA RECONSTITUTION DU PASSÉ

a découverte d'un tel fossile, un os de cuisse de *T. rex* ieux de 80 millions d'années, est un événement xcitant. Outre des informations complémentaires sur es dinosaures, il participera sans doute à mieux connaître e passé de la Terre. Les fossiles renseignent en effet sur es mouvements du relief, les changements climatiques, omme le passage du climat désertique au climat polaire ors des glaciations, et témoignent même d'événements atastrophiques qui ont causé des extinctions massives, omme celle des dinosaures il y a 65 millions d'années.

UN CRÂNE DE *T. REX* ►

Les fossiles de dinosaures sont rares : on en trouve surtout dans les Badlands, en Amérique, et dans le désert de Gobi, en Asie. Des fossiles de plus de 350 espèces différentes de dinosaures ont été identifiés, des petits bipèdes aux gigantesques et indolents quadrupèdes végétariens. Les squelettes sont rarement complets, donc lorsque l'on exhume un crâne de *Tyrannosaurus rex*, en bon état, comme celui-ci trouvé dans les Black Hills du Dakota du Sud (États-Unis), c'est un événement majeur. *T. rex* est le second plus grand carnivore de tous les temps – plus grand qu'une maison et plus lourd qu'un éléphant.

Fossile

Couches de craie constituées de coquilles broyées d'organismes marins microscopiques

LES ROCHES D'ORIGINE ORGANIQUE

Certaines des roches les plus résistantes, incluant bien des variétés de calcaire, sont faites à partir d'organismes vivants. Il existe deux catégories de roches sédimentaires organiques : les bioclastiques et les biogéniques. Une roche bioclastique, comme le calcaire, est constituée de débris de restes de plantes et d'organismes marins. Une roche biogénique, par exemple le corail, est un ensemble de restes entiers d'organismes vivants. Parfois, les restes enfouis se sont transformés pendant des millions d'années en combustibles fossiles, tels le charbon, le pétrole et le gaz naturel.

◄ LES BLANCHES FALAISES DE DOUVRES, EN ANGLETERRE
La craie est une roche blanche et douce composée essentiellement de pure calcite (carbonate de calcium). Elle s'est formée sur le fond marin il y a environ 100 millions d'années au crétacé, l'époque des dinosaures. Des algues unicellulaires se sont développées avec des coccolithes (plaques microscopiques de calcite). Quand ces algues sont mortes, les plaques ont sédimenté au fond de la mer, avec les coquilles d'animaux microscopiques que l'on appelle des foraminifères. Tout cela a formé la craie.

▲ CALCAIRE FOSSILIFÈRE
La plupart des calcaires sont un mélange de calcite, organique ou non. Quelques-uns, comme le calcaire fossilifère, sont principalement constitués de fossiles, tel ce calcaire silurien, vieux de 420 millions d'années provenant de Wenlock (Shropshire, Angleterre). Il est riche en fossiles d'organismes marins, par exemple des trilobites (créatures ressemblant à des cafards, éteints de nos jours) et des brachiopodes, des sortes de coquillages qui étaient fixés sur le fond marin par un pédoncule.

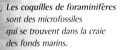

Les coquilles de foraminifères sont des microfossiles qui se trouvent dans la craie des fonds marins.

LES RÉCIFS CORALLIENS

Les calcaires récifaux ou coralliens sont entièrement constitués de restes fossilisés d'organismes qui vivaient sur les récifs coralliens, incluant les coraux eux-mêmes, il y a des millions d'années. Parfois, la forme de l'ancien récif a été préservée dans la formation rocheuse, ce qui crée un petit relief, le pinacle corallien. Le récif le plus connu est la Grande Barrière de corail, à l'est de l'Australie.

Le corail est le squelette externe des polypiers.

▲ LES ORGANISMES FOSSILISÉS DANS LA CRAIE
Les coccolithes (plaques d'algues) et organismes marins (foramini-fères, ci-dessus) fossilisés sont si petits que la craie a un aspect blanc et poudreux. Sous un microscope puissant, les organismes sont visibles. Contrairement à la plupart des protozoaires (organismes unicellulaires), les foraminifères ont des coquilles et ce sont leurs coquilles – avec les plaques de calcite déposées par les algues – qui sont préservées sous forme de calcite dans la craie.

L'HISTOIRE DU CHARBON

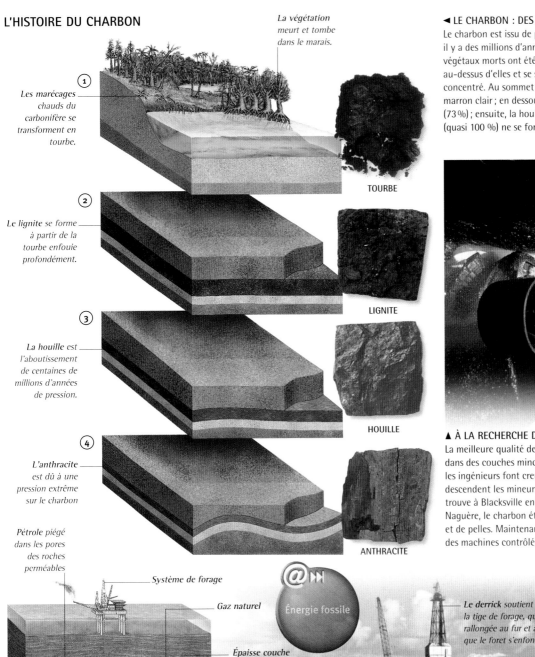

La végétation meurt et tombe dans le marais.

① *Les marécages chauds du carbonifère se transforment en tourbe.*

TOURBE

② *Le lignite se forme à partir de la tourbe enfouie profondément.*

LIGNITE

③ *La houille est l'aboutissement de centaines de millions d'années de pression.*

HOUILLE

④ *L'anthracite est dû à une pression extrême sur le charbon*

ANTHRACITE

Pétrole piégé dans les pores des roches perméables

Système de forage

Gaz naturel

Énergie fossile

Épaisse couche imperméable qui empêche le pétrole de remonter

◂ LE CHARBON : DES PLANTES FOSSILES

Le charbon est issu de plantes qui poussaient dans des marécages il y a des millions d'années. Avec le temps, les couches de ces végétaux morts ont été écrasées par le poids de la boue accumulée au-dessus d'elles et se sont transformées en carbone hautement concentré. Au sommet se trouve la tourbe (60 % de carbone) marron clair ; en dessous, le charbon marron foncé, ou lignite (73 %) ; ensuite, la houille (83 %), brillante et noire. L'anthracite (quasi 100 %) ne se forme qu'à des pressions extrêmes.

▴ À LA RECHERCHE DU CHARBON

La meilleure qualité de charbon (houille et anthracite) se trouve dans des couches minces, les filons. Pour atteindre ces filons, les ingénieurs font creuser des puits profonds, dans lesquels descendent les mineurs. La paroi charbonneuse vue ci-dessus se trouve à Blacksville en Virginie (États-Unis) à 240 m de profondeur. Naguère, le charbon était extrait à la main à l'aide de pics et de pelles. Maintenant, la plupart des puits modernes utilisent des machines contrôlées à distance, comme cette excavatrice.

Le derrick soutient la tige de forage, qui est rallongée au fur et à mesure que le foret s'enfonce.

Brûleur de gaz en excès

◂ PROSPECTION PÉTROLIÈRE

Quand on détecte du pétrole, une tour de forage (derrick) est montée au sol ou, en mer, sur une plate-forme. Certaines plates-formes sont flottantes ; d'autres sont ancrées au plancher océanique, comme celle-ci en mer du Nord. Le choix de la plate-forme dépend du fond, de la profondeur d'eau et des conditions climatiques habituelles. Souvent, une seule plate-forme pétrolière peut forer plusieurs puits en dirigeant divers forets, avec une inclinaison différente, vers la poche de pétrole.

▴ DES PIÈGES À PÉTROLE

Le pétrole provient principalement de micro-organismes qui vivaient dans la mer il y a des millions d'années. Quand leurs restes ont été enfouis dans la boue du fond marin, les bactéries les ont transformés en kérogène (substance cireuse qui ressemble à du goudron). Avec le temps, la pression et la chaleur en profondeur ont transformé le kérogène en pétrole et gaz naturel. La plus grande partie de ce pétrole reste piégée dans la couche de roche poreuse (qui absorbe le liquide) située sous des couches imperméables

LES ROCHES DE L'ESPACE

La Terre est l'une des quatre planètes rocheuses tournant autour du Soleil, avec Mercure, Vénus et Mars. La Lune aussi est rocheuse. La Terre est continuellement percutée par des roches provenant de l'espace : ce sont les météorites. Certaines météorites, appelées chondrites, semblent avoir peu changé depuis leur formation, dans les premiers jours du système solaire. Lorsque les géochimistes étudient un certain type de chondrite, les chondrites carbonées, ils étudient probablement la forme de roche la plus primitive.

▲ DES ÉTOILES FILANTES DANS L'ATMOSPHÈRE TERRESTRE

Dans l'espace, les fragments d'astéroïdes (larges corps rocheux célestes) sont désignés sous le terme de météoroïdes. Quand ils entrent dans l'atmosphère, ils deviennent des météores ; la plupart sont si petits qu'ils se désintègrent aussitôt, créant une traînée lumineuse que nous appelons étoile filante. Quand la Terre traverse la queue d'une comète (un corps glacé qui lâche d'énormes nuages de poussières et de gaz lorsqu'il se rapproche du Soleil), une pluie d'étoiles filantes est visible la nuit dans le ciel. Parfois, les météores sont si gros qu'ils s'écrasent sur la Terre sans s'être entièrement consumés – c'est ce que l'on appelle des météorites.

Roche martienne provenant d'une météorite

▲ DES MÉTÉORITES MARTIENNES SUR LA TERRE

Vingt-quatre des météorites trouvées sur la Terre proviennent de Mars. Ce sont les seuls échantillons de roche venus d'une autre planète. La météorite (trouvée dans le désert glacé de l'Antarctique ci-dessus) a provoqué une grande excitation quand les scientifiques de la NASA y ont découvert des structures microscopiques qui auraient pu être causées par des organismes vivants. Les prochaines missions d'exploration sur Mars permettront de rechercher des traces de vie microscopique sur cette planète.

Roche vitreuse produite par la chaleur d'un impact météoritique

Les tectites ont souvent une forme ovoïde.

▲ LES TECTITES

Ces petits amas de roche vitreuse riche en silice ont généralement une forme d'œuf ou de disque. Leur couleur varie du jaune au noir. Naguère, les géologues pensaient que c'étaient des fragments de météorites, mais on a découvert récemment qu'elles sont produites quand des amas de roches terrestres fondues, projetés en l'air par l'impact d'une grosse météorite, refroidissent rapidement.

UN CRATÈRE DE MÉTÉORITE ▶

Il y a bien plus de cratères de météorites à la surface de la Lune que sur la Terre. Selon les géologues, s'il y a si peu de cratères de météorites visibles sur notre planète, c'est à cause de l'incessante activité géologique qui les recouvre. Néanmoins, certains sont visibles. Le premier cratère d'impact identifié comme tel fut Meteor Crater (ci-contre), dans le désert de l'Arizona (États-Unis). Il y a 49 000 ans, une météorite d'environ 300 000 tonnes a heurté la Terre à une vitesse d'environ 724 000 km/h. Les scientifiques ont à présent identifié à la surface de la Terre plus de 160 cratères d'impact de grande taille.

LES DIFFÉRENTS TYPES DE MÉTÉORITES

SIDÉRITES
Les météorites sont formées de fer et de pierre. Selon la concentration de ces composants, elles sont divisées en trois groupes. Les sidérites – météorites fer-nickel –, moins fréquentes que les chondrites, ont été les premières identifiées à cause de leur apparence métallique et de leur masse. Les plus grosses météorites sont des sidérites.

CHONDRITES
Elles représentent environ 90 % des météorites qui tombent sur la Terre. Elles se classent en différentes catégories, depuis les anciennes chondrites, aussi vieilles que le système solaire, jusqu'à des roches provenant de Mars et de la Lune. Les chondrites tirent leur nom des chondres (globules fondus d'olivine ou de pyroxène) qu'elles contiennent.

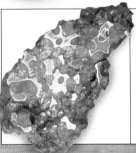

SIDÉROLITHES
Ces météorites sont rares (on en a trouvé moins de 10 tonnes sur Terre), néanmoins très variées, avec une caractéristique commune : elles sont toutes constituées pour moitié de fer et pour moitié de pierre. Elles se divisent en deux groupes, les pallasites (ci-contre) et les mésosidérites.

DES VOLCANS DANS L'ESPACE

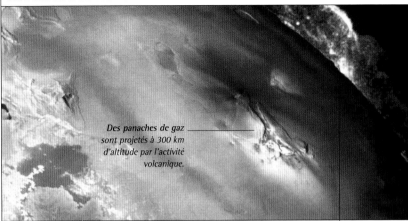

Des panaches de gaz sont projetés à 300 km d'altitude par l'activité volcanique.

La surface de Io vibre à cause de l'écrasement provoqué par la gravité de Jupiter.

La Terre n'est pas la seule planète du système solaire qui porte des volcans. Mars a le mont Olympus, le plus grand volcan (éteint) connu, et Vénus a plus de volcans que tout autre planète. Mais l'activité volcanique la plus spectaculaire se déroule sur Io, lune de Jupiter. Ce n'est probablement pas la chaleur interne de Io qui génère une telle activité, mais la proximité de Jupiter. L'intense champ gravitationnel de la planète géante crée une telle pression sur Io que les roches fondent. Certains endroits de Io brillent régulièrement, lorsque les coulées de lave s'écoulent en surface. Le chaudron de lave de Loki, l'un des volcans, mesure 200 km de diamètre.

Roches de l'espace

La teinte rougeâtre provient de la forte teneur en fer des roches martiennes.

LES ROCHES MARTIENNES ▲
On en sait plus sur la planète Mars que sur tout autre planète. Elle a une composition rocheuse, proche de celle de la Terre, avec un noyau en fer, un manteau semi-fondu et une croûte dure. Des missions spatiales non habitées accumulent de nombreuses preuves quant à la présence d'eau sur Mars – et s'il y a eu de l'eau, il y a peut-être eu de la vie. Les photographies de la surface révèlent de vastes vallées qui pourraient avoir été creusées par des écoulements d'eau. En 2004, les robots de la NASA *Spirit* et *Opportunity* ont analysé des roches martiennes montrant des signes d'une ancienne immersion dans l'eau.

De la brèche (fragments de roche) est retombée dans le cratère après l'impact.

Bordure édifiée avec les éjectas – roche pulvérisée, éjectée par l'impact

1,2 KM

LA CLASSIFICATION DES MINÉRAUX

Pour comprendre les quelque 3 000 variétés de minéraux, les minéralogistes les ont rangées d'après leur composition chimique en classes ou familles. Le professeur James Dana, de l'université Yale, a publié pour la première fois, en 1848, un système qui répartit les minéraux en huit classes de base. Les groupements les plus importants sont les éléments natifs, les silicates, les oxydes, les sulfures, les sulfates, les halogénures, les carbonates et les phosphates. Le système de Dana est encore de nos jours le plus fréquemment utilisé.

Le grenat se forme dans les roches schisteuses quand certains minéraux sont altérés par de fortes températures et pressions.

La cornaline est un minéral rare qui se forme dans les veines de fluide chaud.

DU GRENAT DANS UN SCHISTE

VEINE DE CORNALINE DANS UN CRISTAL DE ROCHE

▲ COMMENT SE FORMENT LES MINÉRAUX

Les minéraux se forment quand les éléments dans le gaz ou le liquide cristallisent en un solide. Différentes combinaisons d'éléments donnent des minéraux différents. Certains se forment quand la roche chaude et en fusion, provenant de l'intérieur de la Terre, refroidit doucement ; d'autres se créent à partir des éléments chimiques dissous dans les fluides. Les minéraux existants peuvent être altérés par des éléments chimiques ou transformés par des processus géologiques (telle l'orogenèse, le plissement donnant naissance à une montagne) qui les écrasent ou les cuisent. Les roches de la croûte sont constituées de minéraux courants ; les minéraux plus rares semblent se former dans les veines (fissures) et les cavités de la roche.

LES ÉVAPORITES ▲

Quand des eaux chaudes, riches en minéraux et salées, s'évaporent, les minéraux qui précipitent sont des évaporites. L'halite, le gypse et l'anhydrite se forment de cette façon. La plupart des évaporites se situent autour des sources chaudes – des jets d'eau chauffée par l'activité volcanique. À Pamukkale, en Turquie (ci-dessus), les précipités des minéraux des sources chaudes riches en calcite ont créé une cascade blanche pétrifiée, constituée d'évaporite et de travertin.

LA CLASSIFICATION DES MINÉRAUX

NATIFS (voir p. 50-53)
La majorité des minéraux sont constitués d'un assemblage d'éléments chimiques, mais certains, tel l'argent (ici sous une forme cristalline rare), se développent seuls naturellement. Ces éléments natifs se trouvent surtout dans les roches ignées et métamorphiques. Quelques-uns peuvent résister à l'érosion et se trouver dans le lit d'un cours d'eau.

SILICATES (voir p. 56-59)
Les silicates sont des métaux combinés avec du silicium et de l'oxygène. Ils sont plus nombreux que tous les autres minéraux réunis. Le quartz et le feldspath constituent la structure des roches ignées riches en silicate. Les autres silicates incluent le mica, le pyroxène et le grenat (ici imbriqué dans une roche hôte).

OXYDES (voir p. 62-63)
Les oxydes, dont la chromite ci-dessus, sont une combinaison métal-oxygène. Ils regroupent les minerais sombres, telle la bauxite, et des gemmes précieux (rubis, saphirs). Les oxydes primaires durs se forment en profondeur dans la croûte ; les oxydes plus tendres, plus près de la surface à partir des sulfures ou des silicates qui se sont cassés.

SULFURES (voir p. 64-65)
Les sulfures, comme cette stibine, généralement friables, lourds, sont des composés du soufre associé à un métal. Ils se forment lorsque de l'eau très chaude s'évapore en profondeur. Ils comprennent des minerais métalliques importants tels la chalcopyrite (minerai de cuivre), le cinabre (minerai de mercure) et la pyrite (minerai de fer).

SULFATES (voir p. 66-67)
Ce groupe comprend de nombreux minéraux très répandus, peu colorés et transparents. Ils se forment quand des métaux se combinent avec du soufre et de l'oxygène. Ils comprennent la baryte et le gypse (ici dans sa forme en «fleur»). Les cristaux irradient à partir d'un point central.

LA FORME D'UN CRISTAL ▶

Tous les minéraux peuvent former des cristaux, mais pour chaque minéral la forme des cristaux est différente. Les cristaux de tourmaline sont généralement des baguettes longues, striées et hexagonales. Les cristaux qui se forment en même temps que la roche dans laquelle ils sont imbriqués sont si petits et si intégrés à elle que leurs formes peuvent être difficiles à identifier. Quand les cristaux ont de la place pour croître librement, leurs formes caractéristiques sont beaucoup plus faciles à reconnaître.

Les cristaux de tourmaline, généralement rhomboédriques, sont de toutes les couleurs.

Le feldspath est un silicate.

Des stalactites en travertin pendent des terrasses rocheuses.

Des cristaux d'améthyste remplissent l'intérieur de cette géode.

L'agate se développe souvent dans les fissures des coulées de lave ou dans les calcaires océaniques.

Les formations en forme de coussin donnent son nom à Pamukkale («château de coton»).

Minéral

DES CRISTAUX SPECTACULAIRES ▲

Les grands cristaux isolés, assez rares, se sont formés dans des cavités rocheuses, des géodes et des veines, où le liquide riche en minéraux a refroidi lentement. La plupart des cristaux se forment rapidement et restent petits. Quand les minéraux sont concentrés et que les cristaux ont de la place pour croître régulièrement, ils donnent des gemmes de grande valeur et des cristaux incroyables, comme l'améthyste et l'agate ci-dessus.

HALOGÉNURES (voir p. 68-69)
Les éléments métalliques s'y associent à des halogènes (chlore, brome, fluor et iode). Le chlorure de sodium (sel de table) est le plus connu. Les halogénures se dissolvant facilement dans l'eau, ils ne peuvent se former que sous certaines conditions. Les halogénures les plus fréquents sont l'halite (sel) et la fluorine.

CARBONATES (voir p. 70)
Ils se forment quand des métaux ou des semi-métaux s'associent à un carbonate (carbone et oxygène). La plupart sont formés par l'altération d'autres minéraux à la surface de la Terre. La calcite, ou carbonate de calcium, que l'on voit ici sous sa forme «en tête de clou», est la base de tous les calcaires et des marbres.

PHOSPHATES (voir p. 71)
Ce sont généralement des minéraux secondaires qui se forment lorsque les premiers minéraux sont altérés par l'érosion. Associés à d'autres minéraux, ils présentent souvent des couleurs vives, tel le vert-bleu de la turquoise ou le vert de la pyromorphite ci-dessus.

LES MINÉRALOÏDES

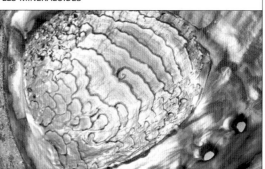

Quelques substances, les minéraloïdes, ne correspondent pas forcément aux propriétés basiques des autres minéraux et n'appartiennent pas aux familles chimiques décrites à gauche, pas plus qu'elles ne forment de cristaux. Certains sont vitreux, comme l'opale et le jayet (variété dense du charbon). D'autres sont formés par des organismes vivants, comme l'ambre (issue de la résine des pins) et la nacre (ci-dessus) qui, à l'intérieur de certains coquillages, peut former des perles.

LES PROPRIÉTÉS PHYSIQUES

Même si chaque minéral possède une combinaison unique
de caractéristiques, tous partagent des propriétés physiques
qui aident les géologues à les identifier. Ils peuvent être
groupés selon leur habitus (comment le cristal se forme),
leur système cristallin (la symétrie des cristaux),
leur composition chimique, leur clivage (comment
ils se cassent), leur masse volumique (leur densité
par rapport à l'eau) et leur dureté (leur facilité à se rayer).

LES SYSTÈMES CRISTALLINS

CUBIQUE
Les minéraux sont classés en six
systèmes selon l'arrangement
symétrique de leurs plans (surfaces
planes). Les minéraux du système
cubique ont la symétrie
cristalline la plus
régulière. Ce sont
par exemple l'halite
(à gauche), la
galène et l'argent.

QUADRATIQUE
Le système quadratique est l'un
des moins courants. Les cristaux
se présentent généralement sous
la forme d'un prisme à quatre faces
(faces parallèles). Chalcopyrite,
rutile, scheelite, zircon et
vésuvianite (ou idocrase),
présentée à gauche,
sont les minéraux
de ce système.

MONOCLINIQUE
Presque un tiers des minéraux
(manganite ci-contre, mica,
gypse, sélénite, etc.)
appartiennent à ce groupe,
qui présente la symétrie
la plus fréquente.
Les cristaux sont
symétriques dans
un seul plan.

TRICLINIQUE
Les cristaux les moins
symétriques et les plus rares.
Les minéraux du système triclinique
sont l'anorthite, la serpentine,
la turquoise, la kaolinite
et la cyanite. L'axinite
(à gauche) tire
son nom de
ses cristaux
taillés en biseau.

ORTHORHOMBIQUE
Ces cristaux, fréquents, sont courts
et trapus. Ils se présentent souvent
sous la forme d'un prisme.
Les minéraux sont l'aragonite,
le soufre, l'olivine, la topaze,
le péridot, la célestine,
l'adamite, la cérussite
et la baritine
(à gauche).

HEXAGONAL/RHOMBOÉDRIQUE
Ces deux systèmes sont groupés
à cause de la similitude dans leurs
symétries. Les cristaux hexagonaux
sont des prismes à six faces
(à droite), les rhomboédriques
en ont trois. Le quartz, le
béryl (pierre semi-précieuse,
à cristaux hexagonaux, à
gauche) et la tourmaline
appartiennent
à ces systèmes.

RÉNIFORME
(HÉMATITE)

PRISMATIQUE
(ORTHOSE)

ACICULAIRE
(AEGIRINE)

DENDRITIQUE
(PYROLUSITE)

MASSIF
(LIMONITE)

BOTRYOÏDAL
(HYDROZINCITE)

▲ LES HABITUS (FACIÈS) CRISTALLINS
L'habitus cristallin décrit les formes qu'adoptent les minéraux. Même si la plupart des minéraux
ont plus qu'un seul faciès, les habitus sont parfois très distinctifs et propres à seulement quelques
minéraux. Ci-dessus, une petite sélection des différentes sortes d'habitus : cristaux aciculaires
en aiguilles ; cristaux réniformes ressemblant à des reins ; cristaux prismatiques symétriques
(un côté reflète l'autre) ; cristaux dendritiques évoquant des végétaux ; cristaux botryoïdaux
en grappe. Les faciès massifs n'ont pas de cristaux visibles.

LES PROPRIÉTÉS CHIMIQUES

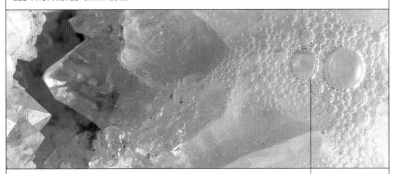

Chaque minéral est un composé chimique avec ses propres propriétés.
Les minéralogistes identifient un minéral d'après sa réactivité chimique
en le mettant au contact de substances, comme des acides ou de l'eau,
pour voir s'il se dissout – même si la plupart des minéraux ne se dissolvent
pas dans l'eau pure, borax et halite mis à part. Bien des minéraux se
dissolvent dans les acides, surtout les acides forts. La calcite, par exemple,
se dissout dans l'acide chlorhydrique dilué, ce qui aide à la distinguer
du quartz, qui lui ressemble beaucoup mais n'est pas soluble dans l'acide.

La calcite
*mousse lors
de sa dissolution
par l'acide
chlorhydrique dilué.*

▲ LE CLIVAGE

La cassure d'un minéral selon un ou plusieurs plans de faiblesse est appelée clivage. Des minéraux peuvent être identifiés grâce à leur façon de se casser. La muscovite (ci-dessus) se clive proprement dans une seule direction, formant des écailles plates. La fluorine se rompt dans quatre directions, et les morceaux sont taillés en diamant.

▲ LA CASSURE CONCHOÏDALE

Tous les minéraux ne se cassent pas nettement selon des plans de clivage. Il existe une douzaine d'autres façons. Une des plus remarquables est la cassure conchoïdale, c'est-à-dire en forme de coquille, ou plutôt de pétales. L'opale (ci-dessus), le silex et l'obsidienne en sont des exemples.

▲ LA CASSURE IRRÉGULIÈRE

Lorsque l'on frappe un minéral avec un marteau et qu'il se brise, une surface irrégulière et rugueuse apparaît parfois. L'arsénopyrite, la pyrite, le quartz, la kaolinite, l'anhydrite et la sillimanite (ci-dessus) se cassent ainsi. Si les bords sont coupants, les géologues parlent de cassure dentelée.

LA DENSITÉ ▶

Les minéraux ont des densités différentes. La galène, qui est riche en plomb, est très dense et beaucoup plus lourde qu'un morceau de gypse de la même taille. La densité est le rapport de la masse d'un certain volume d'un corps à celle du même volume d'eau. La galène a une densité de 7,5 (ce qui implique qu'un morceau de galène pèse 7,5 fois le même volume d'eau). Le quartz est l'un des plus légers, avec une densité d'à peine 2,65.

Roche : propriétés

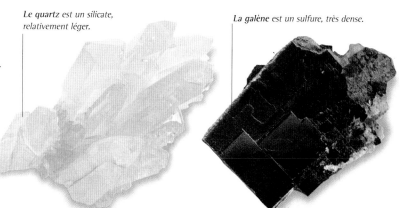

Le quartz est un silicate, relativement léger.

La galène est un sulfure, très dense.

L'ÉCHELLE DE MOHS ▶

La dureté correspond à la résistance d'un minéral à la rayure ou à l'abrasion. Elle se mesure sur une échelle qui a été déterminée en 1812 par un minéralogiste allemand, Friedrich Mohs. Il sélectionna 10 minéraux types par ordre de dureté croissante, chacun d'eux pouvant rayer ceux qui le précèdent dans l'échelle.

1 TALC	2 GYPSE	3 CALCITE	4 FLUORINE	5 APATITE	6 ORTHOSE	7 QUARTZ	8 TOPAZE	9 CORINDON	10 DIAMANT

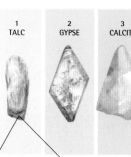

LE TALC ▶

Tous les minéraux peuvent rayer le talc. Sa douceur et sa facilité d'extraction en ont fait un minéral très utilisé depuis la plus haute antiquité par les Chinois, les Babyloniens, les Égyptiens et les Indiens d'Amérique.

Poudre de talc

LE DIAMANT ▶

Le minéral le plus résistant sur l'échelle de Mohs est le diamant. Il est si dur qu'il raie tous les autres minéraux et n'est rayé par aucun. Outre sa très grande valeur comme pierre précieuse, le diamant est très recherché pour réaliser des outils de coupe et de forage perfectionnés.

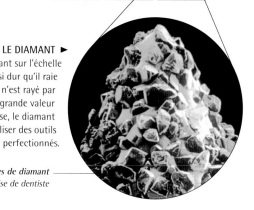

Particules de diamant sur la pointe d'une fraise de dentiste

LES PROPRIÉTÉS OPTIQUES

La première façon d'identifier un minéral est souvent son aspect extérieur. Les minéraux reflètent et laissent passer la lumière de diverses façons : soit ils étincellent et scintillent, soit ils ne reflètent que très peu la lumière. Certains minéraux ont l'air gras, comme s'ils étaient recouverts d'une couche de beurre ; d'autres ont une couleur caractéristique. La couleur, l'éclat et la transparence sont les propriétés optiques les plus évidentes, mais il y en a d'autres, dont la fluorescence et la réfraction.

De l'azurite brillante est imbriquée dans une limonite opaque.

L'ÉCLAT ▶

L'éclat définit la façon dont la surface d'un minéral renvoie la lumière. Une surface peut être aussi vitreuse que le verre ou bien opaque comme la terre. L'azurite bleu vif (ci-contre) se distingue de la limonite brune dans laquelle elle est imbriquée non seulement par sa couleur, mais aussi par son éclat vitreux. Quand la lumière frappe de l'opale, la composition chimique et l'arrangement atomique du minéral font miroiter toutes les couleurs de l'arc-en-ciel.

De petits cristaux de malachite forment une croûte.

◀ LA COULEUR

Les minéraux tirent leur couleur de leur composition chimique. Par exemple, la cuprite (à gauche), un oxyde de cuivre, a toujours la même couleur. De tels minéraux sont dits «idiochromatiques». D'autres prennent des couleurs différentes selon les impuretés qu'ils contiennent : on les dit «allochromatiques». Ainsi, le quartz rose contient du titane, alors que la chrysoprase est verte à cause de traces de nickel.

Irrégulier, éclat submétallique

DE DIFFÉRENTES COULEURS

LA CITRINE
Cette variété de quartz – minéral allochromatique – varie du jaune au brun orangé. Ses couleurs sont dues à la présence de minuscules traces de fer. Les citrines jaune pâle sont les plus recherchées et donnent le nom au minéral, d'après le mot latin *citrus*, citron. Lorsque l'on chauffe la citrine, elle devient blanche.

L'AMÉTHYSTE
Autre variété de quartz qui doit sa couleur au fer. Comme l'améthyste se forme à des températures plus basses que la citrine, elle apparaît violette. Si on la chauffe, elle devient jaune, alors que, lorsqu'elle est exposée à des rayons X, elle redevient violette. Les plus belles améthystes se trouvent dans les géodes.

L'AZURITE
Minéral idiochromatique d'une couleur bleue caractéristique, d'où son nom. C'est le minéral bleu le plus courant. Jadis, les peintres écrasaient ce carbonate de cuivre pour en tirer un pigment bleu vif qui était un substitut satisfaisant au coûteux lapis-lazuli.

LES TESTS DE LA TRACE

ORPIMENT   HÉMATITE

La trace d'un minéral est le trait coloré qu'il laisse lorsqu'on le frotte contre une tuile en céramique. Certains minéraux, tel l'orpiment, ont la même couleur que leur trace, alors que d'autres, non. Ceux-ci sont identifiables grâce à cette caractéristique. Par exemple, l'hématite et la chromite paraissent noires, mais la trace de la chromite est noire alors que celle de l'hématite est rouge-brun. Des minéraux de multiples couleurs laissent toujours la même trace : celle de la fluorine est blanche.

LES DIFFÉRENTS ÉCLATS

VITREUX
Du latin *vitrum*, « transparent ». Les minéralogistes utilisent ce terme pour décrire un éclat transparent comme le verre. La plupart des pierres précieuses sont transparentes et donc caractérisées par un éclat vitreux, comme le rubis (ci-dessus), la topaze, l'émeraude, la tourmaline, l'aigue-marine, le corindon et la fluorine.

MÉTALLIQUE
Dû à un fort pouvoir réflecteur, typique d'un métal ou de son minerai. Tous les métaux natifs ont cet éclat quand ils sont fraîchement cassés ou polis, ainsi que de nombreux minerais : galène, chalcopyrite, pyrite et magnétite. Le graphite (ci-dessus) n'est pas un métal, mais il présente aussi un éclat métallique opaque.

SUBMÉTALLIQUE
Certaines surfaces de minéraux ont ce reflet irrégulier, semi-métallique, causé par la trace de métaux dans la composition, souvent caractéristique des minéraux sombres, quasi opaques (non transparents) : chromite, cuprite, rutile, sphalérite et lépidocrocite (ci-dessus).

GRAS (OU PIERREUX)
Les minéraux à l'éclat gras ont une apparence huileuse. Même s'ils sont brillants, ils ne présentent pas de reflets comme ceux du verre. Ce type d'éclat est courant dans les minéraux qui ont des quantités microscopiques d'impuretés : halite (ci-dessus), quartz et apatite ont tous cet aspect gras.

SOYEUX
Une fine structure fibreuse fait briller le minéral comme de la soie. Les minéraux fibreux amiantés – serpentine (chrysotile), riebeckite (crocidolite) – présentent tous un éclat soyeux, de même que le gypse (ci-dessus), la wavellite, la trémolite et la calcite fibreuse.

Roche : propriétés

Les cristaux d'azurite ont un éclat vitreux.

◄ LA FLUORESCENCE
Quand certains minéraux sont exposés à la lumière ultraviolette, ils brillent de couleurs qui sont différentes de leurs couleurs normales. Cette lueur est appelée fluorescence – un mot qui provient de la fluorine (présentée à gauche), qui a de nombreuses variétés colorées mais présente une fluorescence bleue ou verte. La fluorine brille à cause de la présence de petites quantités d'uranium ou de terres rares – un groupe de métaux chimiquement semblables. Parfois, la fluorescence est due à la présence de petites impuretés dans les minéraux. Par exemple, des petites quantités de manganèse donnent à la calcite une lueur rouge vif.

La fluorine brille d'une lueur bleu vif sous une lumière UV.

OPAQUE : OR

TRANSLUCIDE : AIGUE-MARINE

LA RÉFRACTION ►
Certains minéraux, bien que très clairs et transparents, dévient la lumière qui les traverse. On dit que la lumière est réfractée (déviée). Par exemple, des objets vus à travers un cristal de calcite paraissent doubles à cause de la double réfraction. La lumière renvoyée par la ligne noire est divisée en deux raies, ce qui produit une image double.

La calcite dévie la lumière.

▲ LA TRANSPARENCE
Peu de minéraux, tels le quartz et le saphir, sont quasi transparents (clairs) comme le verre à l'état pur. Pourtant, de petites impuretés peuvent les rendre moins transparents. Certains, comme la pierre de lune ou adulaire, sont semi-transparents, les objets vus au travers sont flous. Les géologues qualifient de translucides les minéraux qui ne sont pas transparents, mais qui laissent tout de même passer de la lumière, telle la chrysoprase. Les minéraux qui bloquent totalement la lumière, par exemple la malachite, sont dits opaques. Tous les métaux sont opaques.

TRANSPARENT : CALCITE

Ligne noire placée sous une calcite

LES ÉLÉMENTS NATIFS

La plupart des minéraux sont des composés : ils résultent de la combinaison de plusieurs éléments chimiques. Certains minéraux existent à l'état naturel sous forme d'un seul élément chimique : ils sont appelés des éléments natifs. Ce sont souvent des métaux, mais aussi des semi-métaux, tels le bismuth, l'antimoine, l'arsenic, et des non-métaux, comme le soufre et le carbone (sous la forme de graphite et de diamant). Les non-métaux se trouvent la plupart du temps dans des structures volcaniques, les veines souterraines et – avec le soufre – dans les sources chaudes. Si le soufre et le graphite sont fréquents, le bismuth, l'antimoine et l'arsenic se trouvent rarement sous forme d'éléments natifs – et le diamant est le plus rare de tous.

Gros cristaux orthorhombiques

Cristaux aciculaires monocliniques

▲ **DEUX FACIÈS DU SOUFRE**
Les gros cristaux orthorhombiques (voir p. 46) sont les formes les plus fréquentes du soufre. Parfois, on le trouve sous forme monoclinique (voir p. 46). Le soufre monoclinique peut avoir la même couleur jaune vif que le soufre ordinaire – même s'il est plus souvent orangé –, mais les cristaux sont aciculaires : ils ressemblent à de longues aiguilles.

Protection rudimentaire contre les gaz toxiques

Dépôts de soufre près des sources chaudes volcaniques

▲ **L'EXTRACTION DU SOUFRE**
Le soufre natif, reconnaissable à sa couleur jaune vif, est souvent situé sur les bordures des sources chaudes et des cheminées fumantes appelées fumerolles. Ci-dessus, un mineur javanais travaille dans le cratère du volcan Ijen, en Indonésie : il collecte des morceaux de soufre refroidi sur les bords du cratère et les transportera dans des paniers. La majeure partie du soufre mondial, pourtant, est extraite de couches souterraines, par exemple au fond du golfe du Mexique, selon le procédé de Frasch : de l'eau chaude sous haute pression est injectée dans les couches ; le soufre fondu est ensuite pompé jusqu'à la surface ; puis l'eau s'évapore et on recueille le soufre pur.

◄ **TRAITEMENT INDUSTRIEL DU SOUFRE**
Le soufre se trouve aussi dans les combustibles fossiles et les minerais comme la pyrite et la galène. Dans ce cas, le soufre est séparé du minéral par chauffage afin de libérer le sulfure d'hydrogène. Ce gaz est ensuite brûlé pour isoler l'hydrogène et ne conserver que le soufre pur. La plupart du soufre extrait à des fins commerciales est transformé en acide sulfurique dans de grandes usines chimiques, comme celle-ci, en Angleterre. L'acide sulfurique a beaucoup d'utilisations industrielles. On s'en sert pour fabriquer des engrais, des teintures, du papier et de la Cellophane.

▲ LE GRAPHITE

Bien qu'étant tous deux des formes du carbone, graphite et diamant sont on ne peut plus différents. Le graphite est opaque, gris sombre et très fragile – au point qu'on l'utilise comme mine de crayon. Récemment, les scientifiques ont produit un graphite synthétique, le graphène, pour remplacer le silicium dans des composants ultrarapides (ordinateurs). Le graphite se forme dans les roches (notamment dans le marbre) quand des matières organiques sont métamorphisées, dans le cas de fossiles, par exemple.

▲ LE DIAMANT

La substance la plus résistante au monde, le diamant, est du carbone pur qui a été transformé à des pressions et des températures extrêmes en une pierre transparente et dure. La plupart des diamants sont vieux de plusieurs milliards d'années. Ils se sont formés très en profondeur et sont remontés vers la surface par des cheminées volcaniques dans des magmas de kimberlite en fusion. Ils se sont conservés grâce à leur grande résistance. De telles conditions en font des pierres «précieuses».

LES STRUCTURES CHIMIQUES DU GRAPHITE ET DU DIAMANT

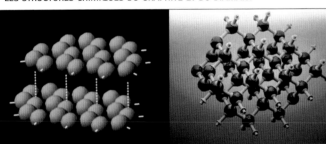

Le carbone pur se trouve sous quatre formes : graphite, diamant, suie (matière organique brûlée) et, extrêmement rare, fullerène. Dans le graphite (à gauche), les atomes forment des feuillets bidirectionnels ; les liens entre les feuillets sont faibles, ce qui explique la friabilité du graphite. Dans le diamant (à droite), les atomes sont fortement liés en une structure tridimensionnelle. C'est pour cela que le diamant est si résistant.

Élément natif

Opacité et reflets non métalliques

Amas botryoïdaux

▲ L'ANTIMOINE

Gris métallique, l'antimoine est un semi-métal : parfois il se comporte chimiquement comme un métal, et parfois pas. Il se trouve rarement en élément natif, en général dans les veines hydrothermales. La principale source d'antimoine est la stibine, un minerai de sulfure. Les anciens Égyptiens l'utilisaient comme eye-liner, et les artistes médiévaux, comme peinture.

LE BISMUTH

Rare sous forme d'élément natif, généralement dans les veines hydrothermales, c'est comme l'antimoine un semi-métal qui a la propriété de se dilater sous l'effet du froid, comme l'eau. Aussi est-il utilisé en soudure : il gonfle, remplit n'importe quel interstice puis se solidifie. Le bismuth est extrait des minerais de bismuthinite et de bismite.

▲ L'ARSENIC

Parfois, l'arsenic pur forme des amas botryoïdaux (en forme de grappes de raisin, ci-dessus). Il se trouve souvent combiné dans des minéraux tels l'arsénopyrite, l'orpiment et le réalgar. L'arsenic pur est un poison. Il peut être associé à d'autres minéraux pour fabriquer aussi bien des transistors électroniques que des conservateurs pour le bois.

LES MÉTAUX

Quelques-uns des métaux les moins réactifs, comme
l'or, l'argent, le platine et le cuivre, peuvent se trouver
à l'état pur en tant que métaux. Des pépites ou des pétales
de ces métaux peuvent être extraits directement de la roche,
mais c'est très rare. Dans la croûte terrestre, la plupart
des métaux sont mélangés à d'autres éléments. L'or est
pratiquement le seul que l'on puisse trouver à l'état natif.
Les métaux sont relativement rares dans la croûte terrestre,
et plus fréquents dans le noyau. Par exemple, la majorité
du fer a «coulé» vers le noyau très tôt dans l'histoire
de la Terre, car il est très lourd.

*De l'or
dans du quartz*

▲ L'OR

L'or est le métal le moins réactif ; il n'est pas corrodé (altéré
par l'action chimique) et reste brillant presque indéfiniment.
Trouvé dans le sol sous forme pure, brillant dans des fissures
et à la surface des roches, il fut l'un des premiers métaux
utilisés pour façonner des bijoux, de la vaisselle et des objets
d'art. Il est suffisamment souple pour être travaillé au marteau.

L'ARGENT ▶

L'«or blanc» était dans l'Antiquité plus prisé que l'or,
notamment par les anciens Égyptiens. Il a été
utilisé pour la première fois en Anatolie
(actuelle Turquie) il y a plus de 5 000 ans.
Quand il est poli, c'est un métal blanc et
brillant, mais, exposé à l'air libre, il ternit
rapidement et se couvre d'un voile noir de sulfure
d'argent, ce qui le rend difficile à repérer dans le sol.
Comme l'or, il se forme dans les veines hydrothermales,
souvent en association avec la galène (minerai de plomb),
le zinc et le cuivre. Contrairement à l'or et au platine,
il forme rarement des pépites. De nos jours, l'argent est
surtout utilisé en vaisselle (argenterie) et dans de nombreux
composants électriques, car c'est un excellent conducteur,
meilleur que le cuivre.

MINERAI D'ARGENT

ARGENT TERNI

*Fil de cuivre
enroulé sur des tambours*

◀ LE CUIVRE

Sa couleur rouge caractéristique en fait
le plus reconnaissable des métaux. Il est
assez malléable et on le trouve souvent
à l'état natif. Le cuivre a été l'un des
premiers métaux à être maîtrisés par les
hommes préhistoriques, car ils pouvaient
le trouver et l'extraire facilement. De nos
jours, la majorité du cuivre est extrait des
dépôts de chalcopyrite. Comme l'argent, il
se trouve souvent sous forme dendritique
dans des cristaux, et, comme l'argent, il
se ternit rapidement quand il est exposé
à l'air. Toutefois, le ternissement du cuivre
est vert vif, pas noir, donc les dépôts de
cuivre sont souvent révélés à la surface
des roches par des taches vertes brillantes
connues sous le nom
de vert-de-gris.

*Le vert-de-gris
résulte de
l'oxydation
du cuivre au
contact de l'air.*

@ ▸▸

Élément natif

PÉPITE DE PLATINE

La surface *brillante du platine ne ternit pas.*

Plombages dentaires faits d'un amalgame (mélange de mercure et d'argent)

ALLIANCES EN PLATINE

Surface irrégulière pleine de trous et de marques

Le mercure forme des gouttes lorsqu'il est à température ambiante.

▲ LE PLATINE

Ce métal argenté, qui tire son nom
de l'espagnol *plata*, «argent», plus rare et plus précieux
que l'or, est connu en Amérique du Sud depuis plus de 2000 ans.
C'est l'un des métaux les plus malléables et lourds. Des grains
de platine pur étaient souvent trouvés dans des dépôts de
rivières, avec l'or. Maintenant, la majorité du platine est extrait
de minerais sulfurés que l'on trouve principalement dans
le Montana, aux États-Unis, et dans l'Oural, en Russie.
Ses principales utilisations sont la bijouterie et les pots
d'échappement catalytiques qui permettent de «nettoyer»
les fumées des voitures.

▲ LE MERCURE

Il est rarement trouvé à l'état natif et
c'est le seul métal qui existe sous forme
liquide à température ambiante. On
le trouve généralement dans un minerai,
le cinabre, qui se forme autour d'orifices
volcaniques et des sources chaudes.
Le mercure se dilate avec la chaleur
et il était naguère présent dans le tube
des thermomètres.

MERCURE

MÉDAILLE
EN NICKEL-ARGENT

MINERAI DE NICKEL

Toiture en plomb

PLOMB NATIF
(GRIS)
DANS DE LA ROCHE

▲ LE FERRONICKEL

Moins fréquent que certains éléments majeurs, le nickel
forme un alliage naturel avec le fer, le ferronickel,
présent dans les météorites. Les Égyptiens utilisaient
ce «fer du ciel» pour fabriquer les outils rituels
de la momification. De nos jours, des pièces de monnaie
et les médailles sont en alliage de nickel et argent.
Aussi bien le nickel que le fer sont extraits principalement
de minerais : la pentlandite pour le nickel, l'hématite
et la magnétite pour le fer.

▲ LE PLOMB

Le plomb est un métal mou et sombre, facile à modeler
– aussi les Romains l'utilisaient-ils déjà pour les
canalisations d'eau. Le plomb est très lourd : c'est un
des matériaux les plus denses. Rarement trouvé
à l'état natif, il est le plus souvent associé à d'autres
éléments, dans la galène, l'anglésite et la cérusite.
En fait, même les canalisations dites en plomb
ne sont pas en métal pur : celui-ci, trop souple,
est utilisé en alliage avec d'autres éléments.

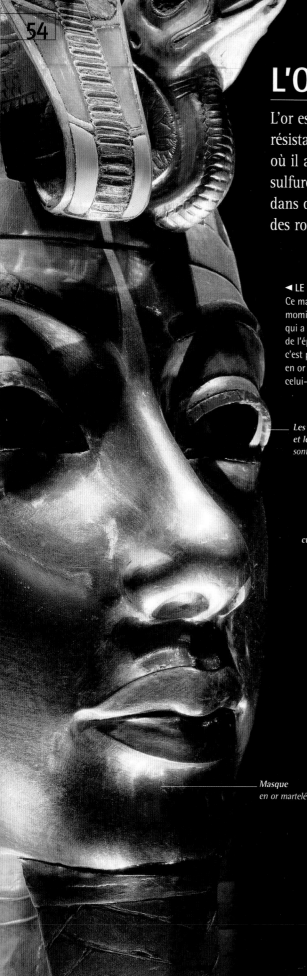

L'OR

L'or est un élément natif, recherché pour sa couleur jaune vif et pour sa résistance au ternissement. L'or se forme dans des veines hydrothermales, où il apparaît associé au quartz et autres minéraux, tels l'argent et les sulfures, et on l'extrait de la roche par procédé minier. Il se trouve aussi dans des dépôts de lits de rivière, où les pépites provenant de l'érosion des roches s'accumulent.

◄ LE MASQUE FUNÉRAIRE DE TOUTANKHAMON
Ce magnifique masque couvre le visage de la momie de Toutankhamon, un jeune roi d'Égypte qui a vécu au XIVe siècle av. J.-C. Pour les Égyptiens de l'époque, l'or symbolisait la vie éternelle, c'est pour cela qu'ils entassaient des objets en or dans la tombe d'un pharaon pour que celui-ci les utilise dans l'au-delà.

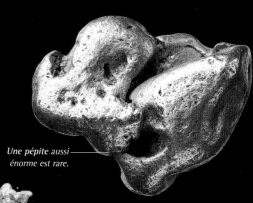

Une pépite aussi énorme est rare.

Les sourcils et le tour des yeux sont en lapis-lazuli.

UNE PÉPITE D'OR ▲
L'or se trouve habituellement sous forme de branches de petits cristaux recouvrant le quartz, ou dans de petits grains. Les énormes pépites sont très rares. La plus grosse, «Welcome Stranger Nugget» (71 kg), a été trouvée en 1869 à Moliagul (Australie).

Cristaux cubiques rares

◄ LES CRISTAUX D'OR
Les cristaux d'or sont cubiques, mais, contrairement à beaucoup d'autres minéraux, l'or en forme rarement. Quand ils existent, ils sont souvent tordus ou microscopiques. Les plus beaux spécimens trouvés depuis les temps anciens ont été généralement fondus pour être utilisés. C'est pourquoi des cristaux aussi développés que ceux-ci (ci-contre) sont de véritables trésors et valent beaucoup plus que leur simple poids en or.

Masque en or martelé

DIVERSES UTILISATIONS DE L'OR

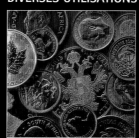

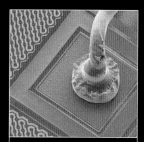

LA MONNAIE, LES LINGOTS
L'or a toujours joué un rôle important dans l'économie. Les anciennes pièces de monnaie étaient en or. Mais l'or est rare, cher et lourd. De nos jours, son unique forme monétaire, ce sont les lingots, qui constituent notamment la réserve en or d'une nation. La plus grande réserve est celle des États-Unis, suivie de celle de l'Allemagne.

LES DENTS
L'or est très résistant à la corrosion. Les Étrusques de l'ancienne Italie utilisaient des fils d'or pour consolider des fausses dents, il y a 2 700 ans. Depuis, l'or a été largement utilisé en médecine dentaire : colmatage, pose de couronnes, fausses dents. Pour le durcir, on l'allie souvent au palladium, à l'argent, au zinc ou au cuivre.

LES CONTACTS ÉLECTRONIQUES
L'or est presque aussi efficace pour conduire l'électricité que le cuivre et l'argent. Les connecteurs en plaqué or et les fils d'or (ci-dessus) sont largement utilisés en électronique, du téléphone portable aux ordinateurs. En 2001, 200 tonnes ont ainsi été utilisées dans le monde.

Le gravier de la rivière est lavé dans la batée pour révéler les grains d'or.

LA RUÉE VERS L'OR

Au XIXᵉ siècle, la découverte de dépôts aurifères un peu partout dans le monde a entraîné la migration de hordes de prospecteurs affamés vers ces eldorados où les attendait la fortune. Très peu d'entre eux devinrent riches; la plupart ne virent jamais la moindre pépite. La plus célèbre des nombreuses ruées en Amérique du Nord a eu lieu en 1849 en Californie. Les prospecteurs ci-dessus lavent à grande eau le limon dans l'espoir de trouver des grains ou des paillettes.

◄ LE LAVAGE À LA BATÉE

Quand la roche aurifère est cassée par l'érosion climatique, les grains d'or peuvent être entraînés dans un cours d'eau. L'or étant relativement dense, les grains s'accumulent dans le lit de la rivière. Pour retrouver ces grains, les orpailleurs appliquent une technique longue et fastidieuse appelée le lavage à la batée : dans un récipient peu profond, un peu de gravier est agité doucement dans de l'eau jusqu'à ce que les grains les plus légers soient éliminés, laissant les paillettes d'or au fond de la batée.

LES MINES À CIEL OUVERT ►

Selon des estimations, tout l'or jamais extrait des mines représenterait environ 145 000 tonnes, quelque 2 500 tonnes étant extraites chaque année. Par le passé, presque tout l'or venait d'Afrique du Sud, où son extraction est devenue très coûteuse car les mines doivent être de plus en plus profondes. Récemment, les compagnies minières ont commencé à exploiter des dépôts plus proches de la surface en Indonésie, en Russie, en Australie et en Papouasie-Nouvelle-Guinée (ci-contre). En effet, l'or est extrait à moindre frais des mines à ciel ouvert. Mais ces immenses trous entraînent de graves préjudices pour l'environnement.

Excavateur dans une mine à ciel ouvert

Le minerai d'or est extrait des terrasses.

LA PYRITE, L'OR DES FOUS

Cristaux cubiques de pyrite

Brillante et dorée, la pyrite (un sulfure de fer) tire son nom de mots grecs signifiant « pierre de feu ». Bien des prospecteurs ont été abusés par son aspect, ce qui lui vaut le surnom d'or des fous. Très répandue, elle se trouve dans presque tous les environnements. En effet, toutes les roches qui semblent un peu rouillées en contiennent. Ses cristaux ont de nombreuses formes, incluant les cubes et les pyritoèdres, qui ont 12 faces à 5 côtés.

L'EXTRACTION MINIÈRE SOUTERRAINE ►

Les minerais aurifères sont extraits de veines souterraines que l'on atteint par des puits et des galeries de mines. L'or est ensuite séparé des déchets par un processus appelé l'amalgamation, puis extrait par fusion (une combinaison de chauffage et de fusion) et enfin raffiné en or pur à 99,5 %. Ce géologue prélève en profondeur un échantillon de minerai pour savoir, après analyse, s'il faut continuer à creuser

LES SILICATES FELSIQUES

Les silicates représentent plus de 90 % du poids de la croûte terrestre, et la plupart des roches en sont constituées. Il y a plus de 1 000 sortes de minéraux silicatés, séparés en deux types : les felsiques et les mafiques. Les silicates qui constituent les granites sont appelés felsiques – une combinaison des mots feldspath et silice. Ils sont plus légers et moins colorés que les autres silicates, à cause de leur faible concentration en fer et en magnésium. Le groupe des silicates felsiques comprend le quartz (silice pure) et les feldspaths potassiques, riches en potassium (K). Les micas constituent un groupe de silicates caractérisés par leur facilité à se détacher en feuillets.

Fragments dus à l'érosion

Dôme volcanique dégagé par l'érosion

UN DÔME VOLCANIQUE ▲

Boars Tusk, dans le Wyoming (États-Unis), est le noyau d'un ancien volcan. Pendant des millions d'années, la roche externe fragile a été érodée, ce qui a dégagé la roche plus résistante bouchant le cratère du volcan. Cette roche est de la rhyolite, comparable au granite, mais formée près de la surface plutôt qu'en profondeur ; ces deux roches comportent les mêmes minéraux felsiques (quartz, feldspath potassiques et micas), mais le granite peut aussi contenir du microcline ou de l'orthose (potassium), alors que la rhyolite contient de la sanidine (potassium et sodium).

LES K-FELDSPATHS, OU FELDSPATHS POTASSIQUES

Silicate

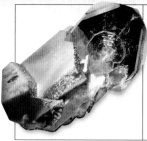

ORTHOSE (OU ORTHOCLASE)
L'orthose et le plagioclase (voir p. 58) représentent 60 % de la croûte terrestre. L'orthose est l'un des principaux minéraux inclus dans le granite, avec le mica et le quartz. Quand le granite est érodé, l'orthose est recyclée en grès feldspathique (riche en feldspath).

SANIDINE
La sanidine se forme dans plusieurs variétés de roches volcaniques (trachytes, rhyolites, etc.) et dans certaines roches métamorphiques de contact (marbres, cornéennes). Elle est généralement incolore ou blanche avec une rayure blanche. Elle peut avoir un habitus (voir p. 46) massif ou prismatique (ci-contre). Les cristaux sont souvent maclés (voir p. 59).

ANORTHOSE
Ce feldspath potassique est identique à la sanidine ou à l'albite, autre K-feldspath. Mais, au contraire de ces minéraux, elle est riche aussi bien en sodium qu'en potassium. La sanidine ne contient que peu de sodium, et l'albite, très peu de potassium. L'anorthose se forme généralement dans les roches ignées que l'on trouve dans les dykes et dans de petites intrusions.

MICROCLINE ET PORCELAINE ►
Le microcline, principal K-feldspath que l'on trouve dans les roches ignées et métamorphiques, se forme à des températures relativement basses dans les roches profondes, telles les syénites et les pegmatites. Les cristaux de microcline dans la pegmatite sont les plus gros jamais trouvés. Un spécimen provenant de Karelia en Russie pèse plus de 2 030 tonnes. Il y a plus de 1500 ans, les Chinois utilisaient le microcline pour fabriquer de la porcelaine fine. Quand de petites particules de microcline sont chauffées, elles aident à cimenter le kaolin (argile blanche) et le quartz en une céramique blanche et translucide.

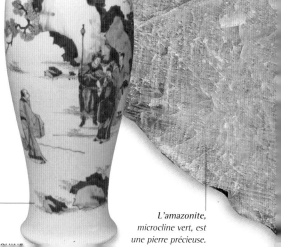

Vernis (couche dure et imperméable) à base de microcline

L'amazonite, microcline vert, est une pierre précieuse.

Feuillet clair de muscovite utilisé comme carreau de fenêtre

▲ UNE FENÊTRE EN MICA

Les micas se trouvent dans toutes sortes de roches. Dans certaines pegmatites, ils ont l'aspect de paillette fine, incolore et cassante. Certains micas, comme la muscovite, sont extrêmement clairs et résistants à l'érosion. C'est pour cela qu'autrefois des feuillets de mica étaient utilisés en carreaux de fenêtre (ici un habitat troglodytique indien creusé dans une pointe rocheuse à Acoma Pueblo, au Nouveau-Mexique, États-Unis). Le mica, résistant à la chaleur, entre dans la fabrication des fours à mazout et des lampes à huile.

LES MICAS

LA MUSCOVITE

Malgré son apparence fragile, la muscovite est très solide. On la trouve souvent dans les sables où d'autres minéraux ont été détruits. En Moscovie (ancienne Russie), d'où elle tire son nom, elle habillait jadis les fenêtres. Résistante à la chaleur et longtemps utilisée pour les vitres des fours, elle entre de nos jours dans la fabrication des composants électriques.

LA BIOTITE

Minéral répandu, ingrédient essentiel des granites, des gneiss et des schistes, la biotite est généralement noire ou brune, plus cassante et moins résistante que la muscovite. Les paillettes de biotites agglomérées peuvent atteindre 2 m de diamètre. On appelle ces amas des «livres», parce qu'ils ressemblent à des pages... de livre.

LE LÉPIDOLITE

Ce mica rare forme des paillettes fines dans les roches ignées acides, comme le granite. Sa couleur rose, violet ou gris vient de la présence de lithium. Le lépidolite se forme souvent en association avec la tourmaline. L'association du lépidolite rose et de la tourmaline rouge est du plus bel effet dans les décorations taillées.

La tourmaline pourpre rosâtre est appelée rubellite.

◀ LA TOURMALINE

Souvent, les cristaux longs et isolés de la tourmaline présentent des couches multicolores. Chaque couche correspond à un léger changement chimique pendant la formation du cristal. Quand elle est chauffée, la tourmaline rouge se charge électriquement.

TOURMALINE

Le béryl devient de l'émeraude verte à cause de la présence d'impuretés.

Matrice de quartz

Veine de quartz contenant des émeraudes.

Les émeraudes seront extraites à la main de la gangue rocheuse pour éviter de les abîmer.

LE BÉRYL ▶

C'est un minéral très répandu. Le béryl pur (goshenite) est incolore. Quand le chrome et le vanadium le rendent vert brillant, comme ici à droite, on le nomme émeraude. Le béryl bleu est appelé aigue-marine, le jaune, héliodore, et le rose, morganite. Le béryl est une importante source de béryllium, utilisé dans les réacteurs nucléaires et pour faire des alliages métalliques.

ÉMERAUDE

L'EXTRACTION DES ÉMERAUDES ▶

Le béryl se trouve généralement dans les pegmatites, où il forme des cristaux géants. Des découvertes archéologiques ont montré que l'extraction des émeraudes est pratiquée depuis la plus haute antiquité. En 1816, l'explorateur français Cailliaud a découvert en Égypte des mines de béryl datant de 1650 av. J.-C. Les plus belles émeraudes proviennent aujourd'hui d'Amérique du Sud, surtout de Chivor et Muzo en Colombie (ci-contre).

LES SILICATES MAFIQUES

Cette famille de silicates tire son nom de la combinaison des mots « magnésium » et « ferrique » (de fer). Les silicates mafiques se forment généralement dans les magmas qui remontent lorsque deux plaques tectoniques se séparent, par exemple sous le plancher océanique, et ils constituent les premiers minéraux du groupe basique des roches ignées (voir p. 27), qui comprend les gabbros et les basaltes. Les minéraux mafiques silicatés tels le pyroxène et l'olivine, que l'on trouve dans les roches basiques et ultrabasiques, sont plus denses et plus sombres que les silicates felsiques. Dautres silicates mafiques appelés plagioclases (feldspaths) sont caractérisés par une proportion variable de calcium et de sodium dans leur structure chimique.

LES PLAGIOCLASES (FELDSPATHS)

OLIGOCLASE
Chaque sorte de plagioclase a une concentration différente en sodium ou en calcium. L'oligoclase est un minéral blanc ou jaune qui contient plus de sodium que de calcium. La forme précieuse de l'oligoclase s'appelle « pierre de soleil » car elle contient des traces d'hématite.

ANORTHITE
Le plagioclase contenant le moins de sodium et le plus de calcium est l'anorthite, qui, de ce fait, dévie la lumière d'une manière particulière. En fait, tous les plagioclases peuvent être identifiés grâce à leur façon caractéristique de réfracter la lumière.

PÉRIDOT

◄ L'OLIVINE

Facilement identifiable à sa couleur caractéristique vert sombre, l'olivine est riche en fer et en magnésium. À certains endroits, comme à Hawaii (photo à gauche), les grains d'olivine verdissent le sable des plages ou des rivières. Les olivines sont très fréquentes dans les roches mafiques, comme le basalte et le gabbro. Le groupe des roches ignées connu sous le nom de roches ultramafiques comprend les péridotites et les dunites, quasi constituées d'olivine pure. Comme le manteau terrestre est constitué de péridotite à olivine, l'olivine est certainement le minéral le plus répandu dans toute la planète. Dans la croûte, elle est plus rare et apparaît en grains microscopiques. C'est pourquoi les grands cristaux verts appelés péridots sont très recherchés.

Sable contenant des grains d'olivine verte

L'ANORTHOSITE ►

Cette roche, plus riche en plagioclase – quasi 100 % – que les autres, est proche des diorites et des gabbros, et le plagioclase qu'elle contient est très riche en calcium. On trouve l'anorthosite dans quelques affleurements vieux de 1,5 milliard d'années, par exemple dans les Appalaches (États-Unis) et en Scandinavie du Sud. Les hautes terres de la Lune et de Mercure seraient en grande partie de l'anorthosite. La mission Apollo 16 a rapporté de la Lune des morceaux de cette roche vieux de 4 milliards d'années.

Échantillons d'anorthosite lunaire

L'anorthosite est très légère et devait flotter à la surface quand la Lune était en fusion.

AUGITE

*Cristal large
et rare*

ACTINOTE

▲ LES PYROXÈNES

Parmi les minéraux les plus courants – dans presque toutes les roches ignées et métamorphiques – figurent les pyroxènes tels l'augite et le diopside, aux cristaux trapus, vert sombre. Les roches mafiques sombres, comme les gabbros et les basaltes, contiennent beaucoup de pyroxènes, qui se forment quand il y a peu d'eau dans les roches. Pyroxène vient de mots grecs signifiant «feu» et «étranger», ce qui traduit la surprise des minéralogistes découvrant ce cristal vert sombre dans la lave en fusion.

▲ LES AMPHIBOLES

Comme les pyroxènes, les amphiboles (actinote, hornblende) sont des silicates fréquents dans la composition des roches, riches en fer et en magnésium. Mais, contrairement aux pyroxènes, elles se forment à des températures plus basses avec présence d'eau et se développent en masses fibreuses. La trémolite, de blanc à gris, contient du calcium, du magnésium et un peu de fer. La néphrite verte (une source de jade) résulte de l'association d'actinote et de trémolite. Pour l'amphibole, l'angle entre les faces du prisme et deux clivages qui leur sont parallèles est de 120°, alors que, pour le pyroxène, les deux clivages se coupent presque à angle droit.

MÉTAMORPHIQUE

Comme presque tous les minéraux, les silicates peuvent être métamorphisés par la température et la pression. Un métamorphisme moyen transforme les silicates en minéraux hydratés. Ces minéraux, comme la serpentine et la chlorite, contiennent de l'eau. Un métamorphisme intense sèche les silicates, en créant d'abord des minéraux comme la muscovite et la biotite, puis des grenats.

Cristaux de grenats rouges dans un échantillon d'éclogite

@ Silicate

Silicate contenant de l'aluminium et du fer

STAUROTIDE

LES MACLES

PLAGIOCLASE

Les cristaux de plagioclase comme l'albite (ci-dessus) sont célèbres pour leur macle. Une macle est due à une erreur de cristallisation. Au lieu d'être uniques, les cristaux doublent et semblent pousser à partir de l'un de l'autre comme des frères siamois. La formation de macle suit des règles que l'on appelle les lois de macle.

SPHÈNE (OU TITANITE)

Il y a deux sortes de macles : de contact et de pénétration. Dans les macles de contact, comme celles de la sphène (ci-dessus), les deux cristaux ont des limites bien définies : on dirait deux images symétriques. Les cristaux de neptunite et de phénacite, par exemple, qui subissent la macle de pénétration, semblent avoir grandi l'un à travers l'autre.

LABRADORITE

La formation de macle n'est pas toujours visible à la surface. Dans le cas de la labradorite, la macle a lieu entre les feuillets, à l'intérieur du minéral. Cela va affecter le trajet lumineux à travers le cristal, créant des jeux de couleurs spectaculaires, ou labradorescence. Les couleurs passent des bleus et violets aux verts et orangés.

▲ LA STAUROTIDE

Un des plus surprenants exemples de macle est fourni par la staurotide, qui se forme dans les roches métamorphiques. Ici, les deux cristaux sont tellement imbriqués qu'il est difficile de les distinguer. Cette forme est très recherchée, car les cristaux croissant à angle droit forment une croix (en grec, *stauros*) évoquant l'emblème des chevaliers de Malte, ce qui confère au minéral une symbolique religieuse et une réputation de porte-bonheur. Dans une autre variété de staurotide, les cristaux se croisent selon un angle de 60°.

LE QUARTZ

Le quartz est un silicate, constitué de silice et d'oxygène. Très courant, c'est un ingrédient majeur de la plupart des roches ignées et métamorphiques. Le quartz est très résistant et ne se casse pas, ce qui procure beaucoup de matériel brut pour les roches sédimentaires clastiques (particules), comme les grès et les argiles. Si le quartz pur est incolore, des impuretés lui donnent de nombreuses couleurs et formes différentes. Certaines espèces colorées sont considérées comme des pierres semi-précieuses.

AGATE MOUSSEUSE

CHRYSOPRASE VERTE

▲ LA CALCÉDOINE

Quand le quartz se forme à des températures basses dans les cavités volcaniques, les cristaux sont si petits qu'ils ressemblent à de la porcelaine. Ce quartz cryptocristallin est appelé calcédoine et se trouve sous de multiples couleurs et formes, comme les cornalines rouge sang, la chrysoprase verte, l'agate mousseuse et la sardoine brun rougeâtre.

LES VARIÉTÉS DE QUARTZ

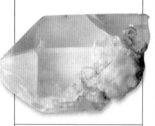

CRISTAL DE ROCHE

Le quartz le plus pur. Ses gros cristaux à six faces sont aussi clairs que de la glace. Jadis, on en faisait des chandeliers étincelants ou les boules de cristal des diseuses de bonne aventure. Il entre de nos jours dans la fabrication des montres, car il aide à réguler le mécanisme grâce à ses propriétés électromécaniques.

AMÉTHYSTE

Des traces d'oxyde de fer dans le quartz donnent sa couleur mauve ou violette à l'améthyste. Son nom fait allusion à un mythe grec. La nymphe Améthyste poursuivie par Bacchus, le dieu du Vin, fut sauvée par la déesse Diane qui la transforma en froid et limpide cristal. Furieux, Bacchus versa dessus sa coupe de vin, lui donnant ainsi sa couleur.

QUARTZ LAITEUX

Les cristaux de quartz peuvent se former avec, à l'intérieur, des inclusions de toutes sortes, aussi bien des bulles que des insectes. Le quartz laiteux contient de minuscules bulles de fluide qui lui donnent sa couleur blanche. Les inclusions de quartz laiteux piégées dans d'autres types de quartz sont appelées fantômes.

QUARTZ FUMÉ

Pierre précieuse transparente, brune, que l'on trouve dans les Alpes suisses et en Écosse. À la même famille appartiennent le quartz noir (morion) et le quartz noir et gris, dit «queue de raton laveur» à cause de l'alternance des couleurs. La couleur sombre est due à une exposition à des éléments radio-actifs (radium) en profondeur.

QUARTZ ROSE

Le quartz rose, dont la couleur est due à des traces de fer et de titane, n'est pas considéré comme une pierre précieuse, car il forme peu de cristaux bien définis. Il est utilisé en bijouterie et en décoration. Les Romains le taillaient en cachet pour sceller les documents à la cire. Les plus beaux spécimens de quartz rose se trouvent au Brésil.

Une dune de sable est constituée de milliards de grains de quartz.

▲ LES DUNES DE SABLE

Le quartz ne se désintègre jamais vraiment. Mais il se brise à la taille des grains de sable. Le sable de quartz s'accumule dans les régions sèches de la Terre – au moins un quart des déserts de la planète est constitué de quartz. Dans le Sahara, en Afrique du Nord, il y a au moins douze énormes champs de sable connus sous le nom d'erg. En Amérique du Nord, le Grand Erg Navajo s'est formé au jurassique, il y a 150 millions d'années. De nos jours, il est redevenu rocheux et est conservé à l'état de grès.

AGATE BLEUE FESTONNÉE

*Festons bleus
à grain fin*

*L'agate se forme
dans les effusions
de lave remplissant
les trous laissés par
les bulles de gaz.*

▲ L'AGATE

Quand les traces de fer, manganèse et autres
éléments chimiques créent des bandes dans la
calcédoine, on l'appelle agate. L'agate mousseuse est
la calcédoine blanche striée de bandes de chlorite verte.
L'agate bleue festonnée présente des bandes alternées
bleu-mauve et blanches. L'onyx a des lignes noires et blanches.
Il faut savoir que les agates vendues dans le commerce sont
souvent colorées artificiellement.

COMMENT SE FORME L'AGATE ▲

Les agates se forment généralement dans les laves basaltiques, et on en
trouve des galets sur les plages ou dans les lits des rivières en zones de
roches basaltiques, comme ici en Colombie-Britannique, au Canada. Les
laves basaltiques mousseuses se solidifient rapidement, piégeant des
bulles de gaz. L'eau coule à travers les amas de lave, entraîne la silice et
autres éléments, tel le fer, et les précipite dans les bulles. Alors que la
lave refroidit, les minéraux dissous cristallisent dans les bulles. Des bandes
de couleur se créent, alors que la chimie de l'eau change au fur et à mesure.

@▶▶ Quartz

LES PUCES EN SILICIUM

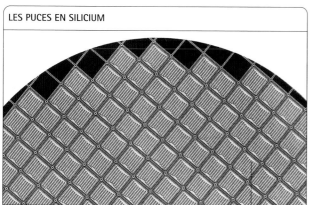

Le quartz est une forme de silice ou de dioxyde de silicium. Le
silicium est un semi-conducteur (il transmet l'électricité), aussi
est-il utilisé comme composant électronique. Les
microprocesseurs des ordinateurs sont des puces de silicium,
inventées en 1958 par un scientifique américain, Jack Kilby. Sur
de minuscules carrés de silicium, des circuits électriques sont
imprimés avec de l'or, de l'argent ou du cuivre. Les puces sont
fabriquées en larges planches, qui sont ensuite découpées.

*Les puces
sont de
minuscules
carrés
imprimés
en grandes
quantités.*

L'OPALE ▶

L'opale ne forme pas de cristaux et ressemble plus
à un verre perlé coloré qu'à un minéral
proprement dit. Les opales résultent de fluides
enrichis en silice qui solidifient – souvent
dans des sources chaudes ou des roches
volcaniques. D'un point de vue chimique,
l'opale est une combinaison de silice et
d'eau. Lorsque l'on chauffe l'opale,
l'eau s'évapore et on obtient du
quartz. L'opale noire et l'opale
de feu (rouge et jaune,
extraite à Querétaro
au Mexique) sont
les variétés les
plus recherchées.

*Le mot opalescence
désigne le chatoiement
des couleurs.*

*Les amoncellements de déchets
de la mine d'opale couvrent le paysage.*

▲ LES MINES D'OPALE AUSTRALIENNES

90 % de l'opale provient d'Australie. Le premier champ d'opale
à avoir été exploité, White Cliffs, en Nouvelle-Galles du Sud
(ci-dessus) est à présent épuisé. Le champ principal était à Coober
Pedy en Australie du Sud, là où les jours sont si chauds et les nuits
si froides que la plupart des gens vivent sous terre. C'est ce
qui a valu à Coober Pedy son nom qui, en langue aborigène, signifie
«homme blanc dans un trou».

COURONNE DE
L'EMPIRE
BRITANNIQUE

Ce saphir aurait appartenu au roi Édouard le Confesseur (xiᵉ siècle).

Spinelle appelé rubis du Prince Noir

LES OXYDES

Bien que 90% des minéraux terrestres contiennent de l'oxygène, le terme d'oxyde est souvent réservé aux minéraux qui sont une combinaison simple d'un métal avec de l'oxygène, ou d'un métal avec de l'oxygène et de l'hydrogène (un hydroxyde). Présents dans la plupart des environnements et des roches, les oxydes forment un vaste groupe qui comprend aussi bien la cassitérite commune (minerai d'étain) que des pierres précieuses comme les saphirs et les rubis (formes du corindon). La palette des couleurs est très variée, du rouge rubis au noir opaque des minerais de fer.

LES HABITUS DE L'HÉMATITE

RÉNIFORME
Extraite depuis les temps anciens pour le fer qu'elle contient, l'hématite se trouve sous diverses formes, dont l'aspect réniforme (en forme d'un rein) ci-dessus. Sous forme de poudre, elle donne un pigment rouge. Selon la mythologie grecque, elle se formerait à partir du sang *(haima)* versé au combat.

MASSIVE
La forme massive (pas de cristaux visibles) peut facilement s'altérer et montrer une rayure brun-rouge. Comme la rouille, cette rayure se crée lorsque l'eau réagit avec le fer pour produire un oxyde de fer. On observe ci-dessus de petites taches d'hématite spéculaire (cristaux brillants et miroitants) sur toute la surface de l'échantillon.

SPÉCULAIRE
L'hématite spéculaire produit des cristaux gris métalliques, en forme d'hexagone. En Afrique du Sud, Lion Cavern est une ancienne source de fer spéculaire, selon la légende vieille de 40000 ans. Les Bushmen utilisaient le fer spéculaire comme cosmétique : ils s'en frottaient le crâne pour le faire briller.

▲ LES SPINELLES

Le groupe des spinelles est constitué de combinaisons d'oxydes métalliques. Le spinelle, pierre semi-précieuse, est un oxyde d'aluminium et de magnésium. Les traces d'autres métaux donnent les différentes formes et couleurs, bleu, vert, violet et brun, même si la couleur typique est le rouge. Beaucoup de pierres précieuses prises pour des rubis étaient en fait des spinelles. L'exemple le plus célèbre est le «rubis du Prince Noir», inclus dans la couronne impériale britannique (ci-dessus), qui a été offert à Édouard, prince de Galles, en 1366 par Pierre le Cruel, roi de Castille et de León. Des spinelles de très grande qualité, équivalant à des pierres précieuses, sont toujours recherchés, surtout au Sri Lanka, en Inde et en Thaïlande.

SPINELLE

LA MAGNÉTITE ▶

La magnétite est un minerai de fer naturellement magnétique. Son nom vient de l'antique cité grecque de Magnesia, où l'on en trouvait de grandes quantités. Les anciens Chinois ont été les premiers à exploiter les propriétés magnétiques de la magnétite. Les adeptes du feng shui utilisent un compas (indiquant des directions, ci-contre) pour conseiller sur l'emplacement d'une tombe ou d'une maison afin d'optimiser le flux du *chi* (énergie de la Terre) et créer une meilleure harmonie. Au début, les Chinois utilisaient des cuillères en magnétite, qui indiquaient les directions nord et sud, mais ensuite ils ont eu recours à des aiguilles.

L'aiguille en fer est magnétisée par frottement avec de la magnétite.

Compas chinois de feng shui divisé en «24 montagnes» (segments de 15°)

Oxyde

MAGNÉTITE

◄ LE SAPHIR

C'est une forme précieuse du corindon, l'un des minéraux les plus durs. La couleur bleue est due à des traces de fer et de titane. On trouve souvent les saphirs parmi les graviers de rivière, où ils s'accumulent après la destruction de la roche hôte. Ceux du Cachemire (Inde) et d'Australie sont réputés. Outre en bijouterie, les saphirs sont utilisés dans l'ingénierie mécanique et pour fabriquer des lasers.

◄ LE RUBIS

Ce corindon précieux doit sa couleur à des traces de chrome. Les hindous l'appelaient jadis *Rajnapura*, «roi des pierres précieuses». Depuis des siècles, les plus beaux rubis viennent de Mogok, une région de Birmanie où ils se forment dans du marbre et autres roches métamorphiques. Les rubis étoilés (et les saphirs étoilés) semblent contenir des étoiles à trois ou six branches; cet effet s'appelle l'astérisme.

LA CASSITÉRITE ►

C'est le minerai d'étain par excellence. L'étain était déjà utilisé il y a 8 000 ans : mélangé à du cuivre, il donnait le bronze destiné à la fabrication d'armes et d'outils résistants. Cette pratique a été si importante qu'elle a donné son nom à une période historique : l'âge du bronze. La plupart de l'étain provient de la cassitérite, qui se trouve aussi bien dans des veines de roches ignées que dans des dépôts sédimentaires.

Les boîtes de conserve sont en aluminium ou en acier, recouvert d'une fine couche d'étain.

LE RUTILE ►

C'est la plus importante source de titane, trois fois plus résistant et deux fois plus léger que l'acier, ce qui en fait un matériau idéal pour les missiles, navettes et autres aéroplanes. 95 % du titane mondial entrent dans la fabrication du dioxyde de titane, principal ingrédient de la peinture blanche (dont celle utilisée pour le marquage au sol sur les routes).

QUARTZ RUTILÉ

Aiguilles de rutile formées dans le quartz

Piscine de stockage pour les baguettes usées de combustible nucléaire

L'uraninite est appelée pechblende quand elle a un aspect massif.

◄ L'URANINITE

L'uraninite se trouve surtout sous forme d'amas compacts appelés pechblende. Radioactif, c'est le minerai principal d'uranium et de radium. L'uranium fournit l'énergie nucléaire par une réaction en chaîne (fission). Plus de 100 000 tonnes d'uraninite doivent être extraites pour produire 25 tonnes d'uranium enrichi ! C'est ce que consomme en moyenne chaque année une centrale nucléaire normale. Les centrales françaises produisent en moyenne 1 200 tonnes d'uranium usé par an.

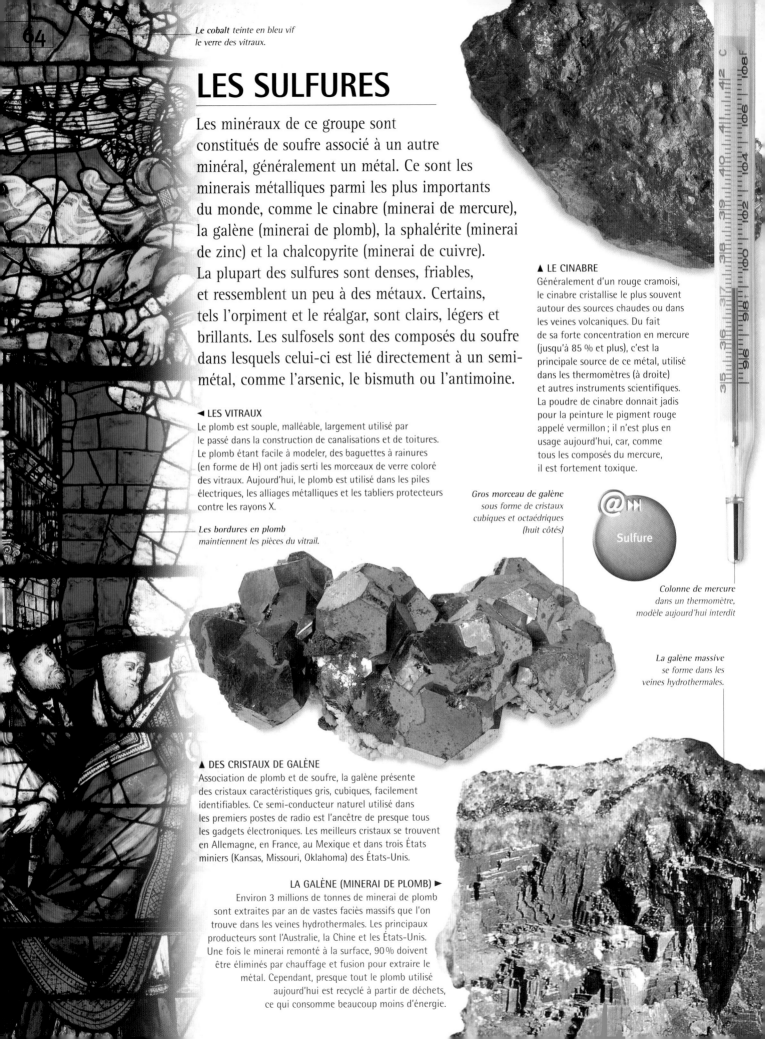

Le cobalt teinte en bleu vif le verre des vitraux.

LES SULFURES

Les minéraux de ce groupe sont constitués de soufre associé à un autre minéral, généralement un métal. Ce sont les minerais métalliques parmi les plus importants du monde, comme le cinabre (minerai de mercure), la galène (minerai de plomb), la sphalérite (minerai de zinc) et la chalcopyrite (minerai de cuivre). La plupart des sulfures sont denses, friables, et ressemblent un peu à des métaux. Certains, tels l'orpiment et le réalgar, sont clairs, légers et brillants. Les sulfosels sont des composés du soufre dans lesquels celui-ci est lié directement à un semi-métal, comme l'arsenic, le bismuth ou l'antimoine.

◄ LES VITRAUX
Le plomb est souple, malléable, largement utilisé par le passé dans la construction de canalisations et de toitures. Le plomb étant facile à modeler, des baguettes à rainures (en forme de H) ont jadis serti les morceaux de verre coloré des vitraux. Aujourd'hui, le plomb est utilisé dans les piles électriques, les alliages métalliques et les tabliers protecteurs contre les rayons X.

Les bordures en plomb maintiennent les pièces du vitrail.

▲ LE CINABRE
Généralement d'un rouge cramoisi, le cinabre cristallise le plus souvent autour des sources chaudes ou dans les veines volcaniques. Du fait de sa forte concentration en mercure (jusqu'à 85 % et plus), c'est la principale source de ce métal, utilisé dans les thermomètres (à droite) et autres instruments scientifiques. La poudre de cinabre donnait jadis pour la peinture le pigment rouge appelé vermillon ; il n'est plus en usage aujourd'hui, car, comme tous les composés du mercure, il est fortement toxique.

Gros morceau de galène sous forme de cristaux cubiques et octaédriques (huit côtés)

Sulfure

Colonne de mercure dans un thermomètre, modèle aujourd'hui interdit

La galène massive se forme dans les veines hydrothermales.

▲ DES CRISTAUX DE GALÈNE
Association de plomb et de soufre, la galène présente des cristaux caractéristiques gris, cubiques, facilement identifiables. Ce semi-conducteur naturel utilisé dans les premiers postes de radio est l'ancêtre de presque tous les gadgets électroniques. Les meilleurs cristaux se trouvent en Allemagne, en France, au Mexique et dans trois États miniers (Kansas, Missouri, Oklahoma) des États-Unis.

LA GALÈNE (MINERAI DE PLOMB) ►
Environ 3 millions de tonnes de minerai de plomb sont extraites par an de vastes faciès massifs que l'on trouve dans les veines hydrothermales. Les principaux producteurs sont l'Australie, la Chine et les États-Unis. Une fois le minerai remonté à la surface, 90 % doivent être éliminés par chauffage et fusion pour extraire le métal. Cependant, presque tout le plomb utilisé aujourd'hui est recyclé à partir de déchets, ce qui consomme beaucoup moins d'énergie.

▲ LA CHALCOCITE

Mélange de cuivre (80 %) et de soufre, faciles à séparer. Malheureusement, la chalcocite (ou chalcosine) est assez rare. Les meilleurs dépôts sont tous exploités. De nos jours, le principal minerai producteur de cuivre est la chalcopyrite, moins riche en cuivre que la chalcocite, mais plus largement répandue.

▲ L'ORPIMENT

Jaune citron, ce minéral est l'un des plus colorés qui soient. On l'utilisait jadis comme pigment en peinture. Hautement instable, l'orpiment se dégrade avec le temps. Le philosophe grec Théophraste lui a donné le nom d'*arsenikon*, d'où le nom du poison mortel qu'il contient : l'arsenic. Comme tous les minéraux riches en arsenic, il sent l'ail quand on le chauffe.

▲ LE RÉALGAR

D'un rouge vif caractéristique, le réalgar (de l'arabe *rahj aj ghar*, « poudre de la mine ») est comme l'orpiment un sulfure d'arsenic, tout aussi instable et toxique. Les Chinois le taillaient jadis en objets décoratifs qui se sont désintégrés depuis.

LA CONSERVATION PAR PYRITISATION

La pyrite remplace la matière organique.

Les organismes vivants se conservent de bien des façons, la pyritisation étant la plus fréquente. Lors de ce processus chimique, des minéraux de sulfure de fer, appelés pyrite, se forment lentement. La matière organique enfouie qui se décompose est remplacée, molécule par molécule, par des cristaux de pyrite. Les vestiges organiques vieux de millions d'années, telle cette ammonite, conservent leur forme mais sont totalement transformés en pyrite.

TELLURURES ET ARSÉNIURES ▶

Dans les tellurures et les arséniures, le tellure et l'arsenic remplacent le soufre dans la structure chimique. À part cela, ils sont semblables aux sulfures et sont classés dans le même groupe. Les tellurures, en particulier la sylvanite et la calavérite, sont parmi les quelques minéraux qui contiennent de l'or. Les ruées vers l'or des années 1890 vers Cripple Creek dans le Colorado (États-Unis) étaient liées à la découverte de tellurures aurifères, telle la sylvanite.

SYLVANITE

LES SULFOSELS

ÉNARGITE
Ce minéral rare est un composé d'arsenic, de cuivre et de soufre. Il est riche en cuivre. Les bons cristaux se trouvent par exemple à Butte dans le Montana (États-Unis), à Sonora au Mexique, et dans le Cerro de Pasco au Pérou. L'énargite forme souvent des cristaux caractéristiques, en étoile.

PROUSTITE
Ce composé d'argent, d'antimoine et de soufre est l'un des quelques sulfures qui ne sont ni métalliques ni opaques. Il forme de magnifiques cristaux d'un rouge profond, que l'on peut tailler en gemmes. Il porte aussi le nom de « rubis d'argent », car on le trouve souvent dans les mines d'argent.

BOURNONITE
Ce mélange de cuivre, de plomb, d'antimoine et de soufre forme de gros cristaux prismatiques. Parfois, la bournonite développe de magnifiques macles en forme de roue dentée. Par procédé industriel, on peut en extraire du cuivre, de l'antimoine et du plomb.

*Anhydrite
bleu lilas*

BOÎTES EN ANGÉLITE

LES SULFATES

On appelle usuellement sulfates des composés dans lesquels un ou plusieurs métaux s'associent à des sulfates (combinaison de soufre et d'oxygène). Les composés se forment quand sulfate et métal sont exposés à l'air sous forme d'évaporites ou de dépôts laissés par de l'eau volcanique chaude. Les sulfates sont pâles et fragiles, avec des cristaux translucides, voire transparents. La plus connue des quelque 200 variétés est le gypse, un minéral fragile composant les roches sédimentaires et qui trouve de nombreuses applications industrielles. La plupart des sulfates sont rares tant en quantité qu'en localisation.

*Faciès massif
d'anhydrite
colorée en rose par
des traces de fer*

LES FORMES DU GYPSE

ROSE DES SABLES
Dans les déserts chauds, l'eau s'évapore de petits bassins salés et peu profonds, où le gypse s'agglutine autour de grains de sable et constitue des amas de cristaux plats ressemblant à des fleurs : les «roses des sables». La marcassite (sorte de pyrite) crée aussi des roses, mais moins abouties. La Namibie est célèbre pour ses roses des sables.

GYPSE FIBREUX (SPATH)
Même si le gypse a généralement un aspect mat et poudreux, il peut parfois former des cristaux clairs ou blanc soyeux. Ce gypse fibreux, recherché pour son aspect satiné, est utilisé en bijouterie et en décoration. Les géologues appellent «spath» tous les cristaux blancs ou peu colorés qui cassent facilement.

FLEUR DE GYPSE
Quand le gypse se forme dans de petites poches d'humidité à la surface des roches, il se développe en cristaux étoilés se recouvrant mutuellement. C'est ce qu'on appelle des «fleurs de gypse». Parfois, un point jaune apparaît au centre, comme pour parfaire la ressemblance avec les fleurs véritables.

▲ L'ANHYDRITE
L'anhydrite est un minéral translucide et friable, dont les couleurs varient du blanc au brun, et qui se forme en couches épaisses. On la trouve souvent associée au gypse, à l'halite et au calcaire. En fait, certaines couches d'anhydrite se forment quand le gypse s'évapore. Quand l'anhydrite sèche, elle rétrécit, ainsi les couches d'anhydrite sont souvent tordues ou ridées avec des fissures et des cavités. Les cristaux d'anhydrite sont rares, car l'eau les retransforme souvent en gypse. L'anhydrite bleu lilas est appelée angélite, à cause de sa couleur.

◄ L'ALBÂTRE
L'épavoration des eaux de mers peu profondes ou de lacs salés laisse d'épaisses couches de gypse de diverses variétés (voir encadré ci-dessus). Quand les dépôts d'anhydrite sont humidifiés par l'eau de surface, ils forment du gypse à grains fins. En le chauffant et le séchant, on obtient la chaux, composant de base de tous les plâtres. Intacte, la belle pierre blanche porte le nom d'albâtre, que les sculpteurs de l'Égypte pharaonique appréciaient déjà. Ici, le gisant d'un chevalier du Moyen Âge.

*Texture poreuse
facile à peindre*

*La fragilité de l'albâtre
permet de sculpter
finement le visage.*

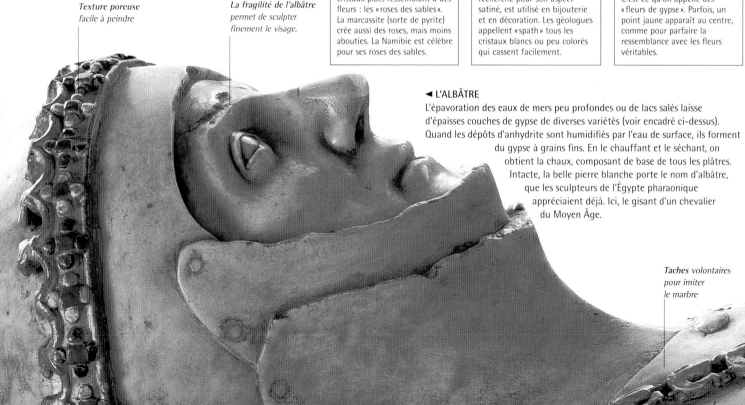

*Taches volontaires
pour imiter
le marbre*

EPSOMITE

FILAMENT
EN TUNGSTÈNE

CASSEROLES
EN CUIVRE

L'EPSOMITE ▶
Le sulfate de
magnésium hydraté doit
son nom usuel à Epsom, en
Angleterre, où il a été découvert. C'est l'un des
rares sulfates solubles dans l'eau, aussi les gros
cristaux sont-ils rares. On le trouve sous forme
de dépôt blanc sur les parois des grottes calcaires
ou autour de sources chaudes. L'epsomite
est utilisée dans le traitement des indigestions
peu sévères.

LA WOLFRAMITE ▶
Le groupe des tungstates est
très proche de celui des sulfates. Le
tungstène remplace le soufre, et
l'association tungstène-oxygène se
combine avec un autre minéral. La
wolframite et la scheelite sont les
principaux minerais de tungstène,
utilisés, entre autres, en filaments
électriques. Le point de fusion du
tungstène est plus élevé que celui
de tout autre métal : 3 410 °C.

LA CHALCANTHITE ▶
La chalcanthite bleu
vif se trouve là où les
minerais de cuivre sont
exposés à l'air. C'est la forme
naturelle du sulfate de cuivre. Comme elle est
soluble dans l'eau, on la trouve plus souvent
dans les régions arides. De vastes dépôts ont
été exploités au Chili. Ce métal rougeâtre est
utilisé pour fabriquer aussi bien les casseroles
en cuivre que les fils électriques, car il conduit
très bien la chaleur et l'électricité.

LES FORMES DE LA BARYTE

CRÊTE
La baryte (sulfate de baryum), un
minéral fréquent, se forme souvent
dans les eaux chaudes volcaniques.
Parfois elle se développe en petites
lames fines qui s'agglomèrent en
amas en forme de crêtes de coq
(ci-contre). Quand ces barytes
crêtées sont tachées de rouge
à cause du fer, on les appelle
des «roses de barytes».

CRISTALLIN
Les cristaux de baryte peuvent se
former en feuillets, en fibres ou en
cristaux prismatiques transparents
et incolores (ci-contre), parfois très
gros. De grandes quantités de baryte
sont exploitées pour le baryum,
métal inerte (chimiquement inactif)
principalement utilisé comme une
matière de remplissage dans les
peintures, le verre... et le dentifrice.

@m
Sulfate

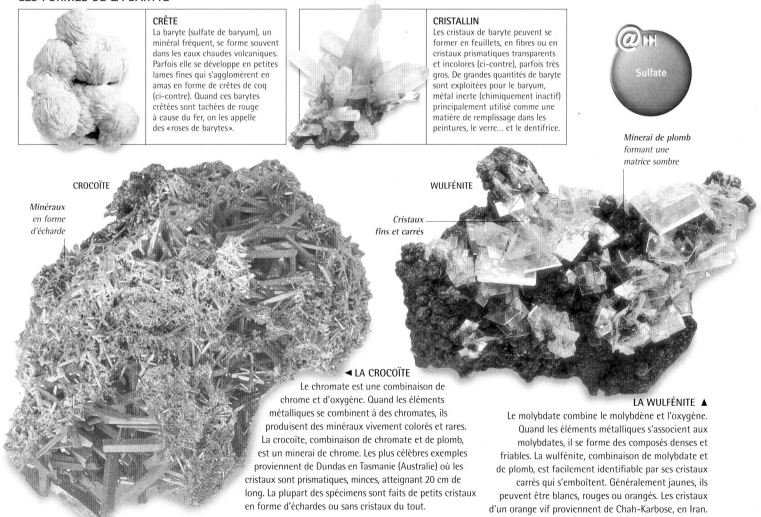

CROCOÏTE

*Minéraux
en forme
d'écharde*

WULFÉNITE

*Cristaux
fins et carrés*

*Minerai de plomb
formant une
matrice sombre*

◀ LA CROCOÏTE
Le chromate est une combinaison de
chrome et d'oxygène. Quand les éléments
métalliques se combinent à des chromates, ils
produisent des minéraux vivement colorés et rares.
La crocoïte, combinaison de chromate et de plomb,
est un minerai de chrome. Les plus célèbres exemples
proviennent de Dundas en Tasmanie (Australie) où les
cristaux sont prismatiques, minces, atteignant 20 cm de
long. La plupart des spécimens sont faits de petits cristaux
en forme d'échardes ou sans cristaux du tout.

LA WULFÉNITE ▲
Le molybdate combine le molybdène et l'oxygène.
Quand les éléments métalliques s'associent aux
molybdates, il se forme des composés denses et
friables. La wulfénite, combinaison de molybdate et
de plomb, est facilement identifiable par ses cristaux
carrés qui s'emboîtent. Généralement jaunes, ils
peuvent être blancs, rouges ou orangés. Les cristaux
d'un orange vif proviennent de Chah-Karbose, en Iran.

Tas de sel de mer
en train de sécher

LES HALOGÉNURES

Les halogénures sont des minéraux qui se forment quand un métal se combine à l'un des cinq halogènes : fluor, chlore, brome, iode et astate. Le minéral le plus connu est l'halite (chlorure de sodium), ou sel gemme, à partir duquel on fait le sel de table. Comme l'halite, de nombreux halogénures sont solubles dans l'eau, aussi résistent-ils seulement dans certaines conditions. Malgré sa solubilité, l'halite est très répandue partout dans le monde, et ses applications industrielles sont nombreuses.

▲ DES MONTAGNES DE SEL
La majorité de l'halite est extraite d'épaisses couches de sel laissées par l'évaporation d'anciens océans ou de lacs salés (comme celui qui s'étend près de Salt Lake City, dans l'Utah, aux États-Unis). Le sel était jadis beaucoup utilisé pour conserver la viande et le poisson (salaison) ; aujourd'hui, il permet seulement de rendre la nourriture plus goûteuse. Même si le corps humain a besoin d'un apport régulier de sel, manger trop salé n'est pas bon pour la santé.

LES DIFFÉRENTS TYPES D'HALITES

HALITE ORANGE
Quand l'halite cristallise, elle forme généralement des cristaux cubiques, blancs ou colorés (en orange ou en rose par exemple), visibles dans les sels de mer non raffinés. Dans la nature, cependant, les gros cristaux d'halite sont rares, parce qu'ils se dissolvent trop facilement dans l'eau.

HALITE BLEUE
Certains changements de couleur dans l'halite peuvent provenir des bactéries ; d'autres, des radiations naturelles. Les rayons gamma rendent l'halite d'abord ambrée, puis bleu profond. La couleur bleue provient de traces de sodium, créées quand les radiations frappent les électrons du chlore.

CRISTAL EN FORME DE TRÉMIE
L'un des faciès les plus remarquables de l'halite. Les cristaux ressemblent à des cubes à côtés dentelés évoquant la trémie (réservoir) d'un tapis roulant en usage dans les mines. Comme les bords d'une face de cristal poussent plus rapidement que le centre, cela produit parfois de telles indentations.

LES MARAIS SALANTS ▶
Dans certains pays, notamment aux Antilles et aux îles du Cap-Vert, on récolte encore le sel de mer selon une antique méthode. L'eau de mer est retenue dans de larges bassins peu profonds, où elle s'évapore au soleil et sous l'action du vent. Le sel est ramassé à la main, puis envoyé dans un site de raffinage, où il est transformé en produits chimiques, tel le chlore. En France, à Guérande par exemple, on pratique cette méthode pour obtenir un sel de grande qualité, très renommé.

Halogénure

L'ATACAMITE

Halogénure vert brillant, l'atacamite est un chlorure de cuivre qui doit son nom au désert d'Atacama (Chili), où l'on a trouvé les plus belles pièces. Dans les zones vraiment arides, là où le sulfure de cuivre est exposé à l'air, l'atacamite se forme en association avec la malachite, l'azurite et le quartz, ainsi qu'avec des minéraux plus rares comme le chrysocolle, la connellite, la pseudomalachite, la cornétite et la brochantite. L'atacamite est très absorbante.

Malachite vert vif, souvent trouvée avec l'atacamite

La fluorine bleu-jaune montre des bandes de cristaux colorés.

◀ LA FLUORINE RAYÉE

La fluorine est le seul minéral, hormis le quartz, qui présente autant de variétés de couleurs. Sous sa forme pure, elle est incolore, mais les impuretés lui donnent toutes les nuances de l'arc-en-ciel, du violet intense au vert vif. Elle est fluorescente sous lumière UV. La plupart des fluorines sont d'une seule couleur, mais certaines sont rayées et multicolores. L'une des plus connues est la bleu-jaune, appelée aussi spath du Derbyshire, d'après la région d'Angleterre où elle a été découverte au XVIIIᵉ siècle par des mineurs qui cherchaient du plomb dans les grottes de ce comté. À l'époque, les objets taillés dans ce minéral, comme la coupe ci-contre, étaient très prisés.

Métal en fusion aidé par un flux de fluorine

LA FLUORINE ▶

Elle tire son nom d'un mot latin signifiant «couler», parce qu'on l'utilise principalement comme fondant – substance qui abaisse le point de fusion – dans le traitement de l'acier et de l'aluminium. Elle aide le métal en fusion à couler plus facilement et, en même temps, participe à enlever du métal les impuretés, tel le soufre. La fluorine est un minéral commun qui se trouve dans les veines hydrothermales et les calcaires. C'est l'unique source de fluor, un élément chimique souvent ajouté à l'eau de boisson et au dentifrice (sous forme de fluorure) pour renforcer les dents.

Cristaux cubiques ressemblant à du verre

LA SYLVINE ▶

Ce chlorure chimiquement identique à l'halite se forme comme elle dans des couches massives sur d'anciens fonds marins, mais, contrairement à l'halite, elle contient plus de potassium que de sodium. Les anciens lits de sylvine sont une des principales sources de potasse, ingrédient essentiel des engrais (ci-contre). Un quart de la sylvine du monde provient des mines du Saskatchewan (Canada). Les cristaux de sylvine (ci-dessus) sont relativement rares.

LES CARBONATES

Les minéraux carbonatés se forment quand un carbonate (carbone et oxygène) s'associe à un métal ou un semi-métal. Les minéraux de ce groupe sont fragiles et se dissolvent facilement dans des substances acides. Beaucoup de carbonates se forment quand des minéraux à la surface de la Terre sont altérés par l'acidité de la pluie et de l'air. Les nitrates, les borates et les phosphates s'associent à un ou plusieurs éléments métalliques. Les phosphates ont tendance à être fragiles, friables et colorés.

▼ LES FORMATIONS CALCAIRES

La calcite, constituée de calcium, de carbone et d'oxygène, est l'un des minéraux essentiels dans la formation des roches. Formée à partir des coquilles d'organismes marins morts, c'est l'ingrédient principal des calcaires. Des monts de travertin (une sorte de calcite) se forment là où des eaux chaudes, riches en minéraux, ont jailli en geyser. Les monts de Fly Geyser (ci-dessous), dans le désert du Nevada (États-Unis), se sont formés autour de puits de mines abandonnés. Les stalactites et stalagmites de calcite se forment aussi dans les grottes (voir p. 37).

◄ L'ARAGONITE

Ce minéral blanc a été découvert en Aragon (Espagne), d'où son nom. Chimiquement identique à la calcite, l'aragonite a des cristaux différents, incluant des aiguilles pointues. Elle se forme souvent dans les sources chaudes ou sur les murs des grottes, où elle se développe comme d'étranges coraux appelés flos ferri (fleurs de fer). Certaines créatures marines (par exemple les huîtres) fabriquent de l'aragonite (la substance nacrée à l'intérieur de la coquille).

Les cristaux flos ferri ressemblent à des coraux.

Le travertin est coloré en brun par l'eau riche en fer.

◄ LA MALACHITE

Ce carbonate de cuivre forme normalement une sorte de ternissure ou une croûte sur le minerai de cuivre. La malachite présente souvent une couleur caractéristique verte en bandes. Quand le cuivre s'associe à d'autres minéraux, elle devient bleue (azurite ou chrysocolle) ou rouge (cuprite). La malachite est taillée en bijoux et objets décoratifs depuis la plus haute antiquité.

La malachite est recherchée pour sa riche couleur verte.

LES CRISTAUX DE CALCITE

◄ LA RHODOCROSITE

Ce minerai de manganèse se trouve en pièces granulaires (rugueuses) plutôt que sous forme de cristaux. La rhodocrosite rose se forme souvent à l'intérieur des bulles dans les veines hydrothermales contenant de l'argent, du plomb et du cuivre. Ces petits nodules ont une croûte noire d'oxyde de manganèse, alors que l'intérieur présente des cercles concentriques dans les tons roses.

Les cercles roses sont visibles quand la rhodochrosite est coupée.

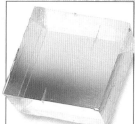

CALCITE CRISTALLINE
(ou spath d'Islande) Il existe plus de 300 formes de cristaux de calcite. La calcite pure est recherchée pour ses propriétés optiques (haute réfraction) depuis le XVIIᵉ siècle. Les cristaux de calcite cristalline sont utilisés pour les équipements optiques (microscopes). De nos jours, la majorité de la calcite cristalline provient du Mexique.

CALCITE À CRISTAUX POINTUS (ou dents de cochon) Elle forme souvent des amas dans les piscines des grottes calcaires. La forme pointue est appelée scalénoèdre, car les côtés forment des triangles scalènes – tous les côtés sont de longueur différente. Souvent, les cristaux sont maclés (voir p. 59) deux par deux.

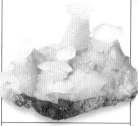

CALCITE EN TÊTE DE CLOU
(ou à pointes de diamant) Les cristaux sont formés par deux rhomboèdres – un long surmonté d'un plat. Cette calcite se forme souvent dans les grottes et les mines. Jewel Cave dans les Black Hill du Dakota du Sud (États-Unis) doit son nom (grotte Bijou) au scintillement des cristaux de calcite à pointes de diamant sur ses parois.

◄ LES PHOSPHATES (LA WAVELLITE)
La wavellite appartient au groupe
des phosphates, qui contiennent
de l'oxygène et du phosphore.
La wavellite forme des boules de
cristaux dans le calcaire, les chailles
et le granite. Quand les boules
sont cassées, elles montrent
des disques rayonnants (ci-contre).

WAVELLITE

LES PHOSPHATES (L'APATITE) ►
À cause de sa grande variété de couleurs, on
confond souvent l'apatite avec d'autres minéraux,
comme l'olivine ou le béryl. Les cristaux d'apatite,
présents dans les roches métamorphiques, sont
pour la plupart trop petits pour être visibles. Les
gros cristaux, comme celui-ci, sont rares. L'apatite,
qui est un phosphate de calcium contenant du
fluor, entre dans la composition des dents et des os.
Sa principale utilisation industrielle est les engrais.

APATITE

@IkI
Carbonate

Le lignite souligne
les yeux en noir.

MASQUE AZTÈQUE
EN MOSAÏQUE
DE TURQUOISE

◄ LES PHOSPHATES
(LA TURQUOISE)
Sa couleur bleu-vert caractéristique
provient du cuivre. Elle se forme
généralement dans les déserts – les
Égyptiens l'extrayaient dans le Sinaï il y a
plus de 5 000 ans. Au Moyen Âge, elle était
importée en Europe via la Turquie – d'où son
nom. En Amérique centrale, l'extraction de la
turquoise a commencé il y a environ 1 000 ans.
Les Aztèques l'utilisaient sous forme brute dans
les bijoux ou taillée et assemblée en mosaïque,
comme sur ce masque.

TURQUOISE

LES NITRATES (LA NITRATITE) ►
La nitratite (nitrate de sodium), qui
ressemble à la calcite, est plus fragile et plus
légère. Les nitrates sont rares, car solubles
dans l'eau. On les trouve donc particulièrement
dans les régions très arides, comme au Chili
(désert d'Atacama) et aux États-Unis (en Californie).
La nitratite est utilisée dans la confection d'engrais
(grossis ci-dessus) et d'explosifs.

NITRATITE
(salpêtre du Chili)

LES BORATES (L'ULEXITE) ►
Parfois, l'ulexite se trouve sous forme d'un agrégat
serré et fibreux surnommé «pierre télévision».
À l'instar des fibres optiques (utilisées dans les télécommunications), les fibres d'ulexite transmettent
la lumière par réflexion interne. L'ulexite est souvent
trouvée en association avec le borax, un minéral
soluble qui est largement utilisé, notamment dans
la fibre de verre.

ULEXITE

PREMIÈRES UTILISATIONS DES MINÉRAUX

Nos lointains ancêtres utilisaient les outils de pierre pour chasser, couper la viande et construire leurs abris. Ils ont découvert la richesse des pigments colorés provenant des minéraux et en ont orné les grottes. Avec l'émergence des premières civilisations (révolution néolithique), il y a environ 9 000 ans, la variété des utilisations des roches et des minéraux s'est développée de manière incroyable. Les hommes ont appris à construire avec la pierre, à modeler l'argile pour en faire des pots, à écrire sur des tablettes d'argile et à se servir des métaux pour tout façonner, des armes et armures aux objets rituels en passant par les outils et la vaisselle.

POINTES DE FLÈCHES EN SILEX

GRATTOIR EN SILEX

▲ DES OUTILS EN PIERRE TAILLÉE

Il y a plus de 2 millions d'années, les hommes préhistoriques taillaient les silex pour les rendre coupants et en faire des couteaux et des haches. Les archéologues ont trouvé, à Gona en Éthiopie, des lames de silex datant même de 2,6 millions d'années. Les silex ont fourni à nos ancêtres leur première matière première pour fabriquer des outils, c'est pour cela que cette période, jusqu'à la sédentarisation progressive des hommes (à partir de 9 000 av. J.-C.), s'appelle le paléolithique.

LES PIGMENTS ►

Les hommes ont appris depuis bien longtemps à écraser les minéraux en pâte pour fabriquer des pigments. Les peintures rupestres vieilles de 20 000 ans révèlent quatre pigments principaux : ocre rouge provenant de l'hématite, ocre jaune issu de la limonite, noir obtenu avec la pyrolusite et blanc tiré du kaolin. Puis la gamme des couleurs s'est élargie : rouge du réalgar, jaune de l'orpiment, vert de la malachite, bleu de l'azurite et bleu d'outre-mer à partir du lapis-lazuli. Les pigments les plus rares, tel le lapis-lazuli, étaient très recherchés et donc coûteux.

Tête d'un prince persan recouverte d'une pâte de lapis-lazuli.

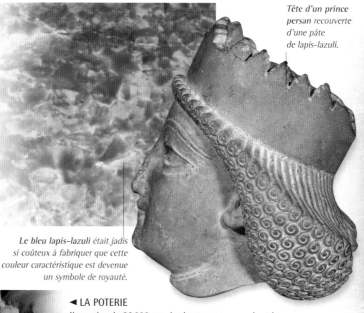

Une armée en terre cuite constituée de 7 000 statues grandeur nature a été inhumée avec le premier empereur chinois.

Le bleu lapis-lazuli était jadis si coûteux à fabriquer que cette couleur caractéristique est devenue un symbole de royauté.

◄ LA POTERIE

Il y a plus de 30 000 ans, les hommes apprenaient à modeler de l'argile souple pour fabriquer de petites statues d'hommes et d'animaux, et la cuire dans des fours. Des bols d'argile vieux de 8 000 ans ont été exhumés au Moyen-Orient. Les milliers de statues de soldats (ci-contre) et de chevaux grandeur nature ont été réalisées à l'unité (chacun est différent) en terre cuite et enterrées près du premier empereur chinois, Qin Shi Huangdi, en 206 av. J.-C. Cette armée fantomatique était chargée de protéger le souverain dans l'au-delà.

Façade en grès protégée de l'érosion par l'avancée rocheuse

@ ►►
Histoire

LES PIERRES DE CONSTRUCTION ►

Les premiers abris, temporaires, étaient en bois et boue séchée. Avec la sédentarisation puis l'urbanisation, les constructions sont devenues plus durables. Dans les premières cités – telle Çatal Höyük (Turquie actuelle), édifiée il y a 9 000 ans –, l'habitat était en briques de boue séchée. Les plus anciens bâtiments en pierre – les pyramides de Saqqarah, (v. 2750 av. J.-C.), en Égypte – n'étaient pas des maisons, mais des tombeaux royaux. Parfois, les bâtiments ont été totalement ou en partie taillés dans la roche, comme à Pétra (en Jordanie) au IVᵉ siècle av. J.-C. (ci-contre).

◄ LA MONNAIE

Le commerce a créé le besoin d'unités monétaires (monnaie) dotées d'une valeur sûre. Après les coquillages ou les perles sont venus les métaux, plus résistants et plus précieux, comme l'or et l'argent, qui étaient facilement fondus en des formes et des poids convenus. En Occident, les premières pièces, datant du VIIe siècle av. J.-C., ont été trouvées en Lydie (Turquie actuelle) et étaient fabriquées à partir d'or argentifère. Crésus fut roi de Lydie au VIe siècle av. J.-C. En Espagne, les doublons et autres pièces des XVIe et XVIIe siècles étaient frappés dans l'or qui affluait alors d'Amérique.

DOUBLON ESPAGNOL DU XVIe SIÈCLE

La façade à deux étages du Khazné, le plus célèbre des temples funéraires de Pétra

DES MINÉRAUX DANGEREUX

La toxicité de certains minéraux, comme l'arsenic, est connue depuis la nuit des temps. D'autres, tel le plomb, sont des tueurs plus furtifs : des Romains ont certainement été empoisonnés (saturnisme) par le plomb de leurs canalisations. Aujourd'hui, ce métal est interdit dans les tuyauteries. Au XVIe siècle, les coquettes comme la reine d'Angleterre Élisabeth Ire (ci-dessus) se maquillaient avec une pâte de cérusite (plomb blanc) pour avoir le teint pâle, alors à la mode. Mais la cérusite est si caustique qu'elle leur brûlait la peau, laissant des marques indélébiles et des cicatrices.

Balance pour peser le sel

▲ LE SEL, UNE DENRÉE PRÉCIEUSE

Le sel (issu de l'halite) a toujours été précieux, aussi bien pour la santé que pour conserver les aliments. Un livre chinois de pharmacologie, *Peng-Tzao-Kan-Mu*, écrit il y a plus de 4 700 ans, recommandait déjà la consommation de sel. L'art de l'Égypte ancienne montre la fabrication du sel comme une activité très importante. Les soldats romains touchaient une pension en sel, le *salarium* (d'où notre mot salaire). Au XIVe siècle, on versait encore un salaire en sel (ci-dessus). La gabelle a été en France jusqu'à la Révolution un impôt important qui frappait cette denrée. À travers l'histoire, de nombreuses guerres se sont déroulées pour gagner l'accès aux précieuses réserves de sel.

LES GEMMES

La plupart des minéraux sont mats ou constitués de petits cristaux. Cependant, certains sont richement colorés et forment de gros cristaux. La couleur, l'éclat et la rareté de ces gemmes en ont fait des trésors tout au long de l'histoire et dans toutes les civilisations. Sur plus de 3 000 minéraux, seulement 130 sont des gemmes. Les plus chères de toutes – diamants, émeraudes, rubis et saphirs – sont des «pierres précieuses» recherchées pour leur brillance (éclat), leur rareté et leur dureté. Les gemmes les plus courantes – béryls, grenats et péridots – sont des pierres semi-précieuses.

La lumière est réfléchie par la pierre.

COLLIER DE DIAMANTS
(DÉBUT DU XXᵉ SIÈCLE)

Diamant incolore et brillant à la taille

◄ UNE MINE DE DIAMANTS
Les diamants naturels se sont formés pour la plupart en profondeur sous une pression et une chaleur extrêmes, il y a 3 milliards d'années pour les plus anciens. La plupart sont remontés à la surface dans des cheminées volcaniques remplies de kimberlites. Cependant, la mine d'Argyle en Australie-Occidentale (ci-contre) – la plus grande mine de diamants du monde – extrait ses diamants d'une roche différente, la lamproïte.

DIAMANT BRUT DE 83 CARATS

BIJOU EN DIAMANTS ►
La plupart des diamants, clairs et incolores, révèlent – par réfraction et dispersion de la lumière – un arc-en-ciel de couleurs selon l'orientation du rayon qui les frappe. Quand un joaillier taille un diamant pour en faire un bijou, comme ce collier, il choisit un type de facettes qui crée le plus d'éclat possible.

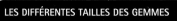
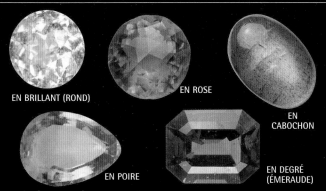

◄ LA TAILLE D'UNE PIERRE PRÉCIEUSE
Les gemmes ressemblent souvent à des galets mats jusqu'à ce qu'elles soient taillées et polies par un talentueux lapidaire (tailleur de pierre précieuse). Ce travail de très grande précision est généralement réalisé sous une loupe. Pour couper des facettes lisses, la gemme rugueuse est collée sur un bâton et soumise au frottement d'une roulette.

Pierre précieuse

LES DIFFÉRENTES TAILLES DES GEMMES

EN BRILLANT (ROND)

EN ROSE

EN CABOCHON

EN POIRE

EN DEGRÉ (ÉMERAUDE)

La taille choisie met en valeur les meilleures qualités de la pierre. Les pierres semi-précieuses opaques ou translucides sont généralement taillées en cabochon : dessus rond et dessous plat. Les pierres précieuses claires, comme les diamants, sont généralement taillées avec des facettes pour les faire étinceler. Les pierres de couleur, tels les rubis et les émeraudes, sont taillées en degré pour faire ressortir leurs riches nuances de couleur. Toutes les autres tailles sont des variations. La taille en poire, par exemple, donne une forme ovoïde avec un large dessus plat.

Des sphères minuscules et très rapprochées de silice créent un effet chatoyant et opalescent.

Émeraude

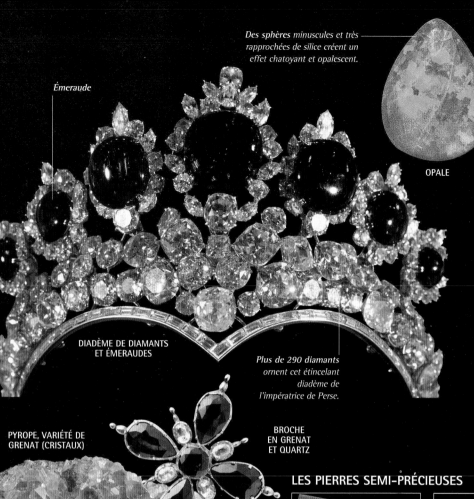

DIADÈME DE DIAMANTS ET ÉMERAUDES

Plus de 290 diamants ornent cet étincelant diadème de l'impératrice de Perse.

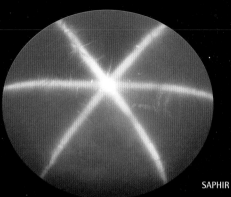

OPALE

◄ DES JOYAUX ÉTINCELANTS

Les gemmes ne sont pas seulement colorées. La plupart étincellent et brillent dans la lumière. Les plus belles opales montrent un extraordinaire jeu de couleurs appelé opalescence, qui est causé par la diffraction de la lumière par les minuscules sphères de silice présentes dans la pierre. Les saphirs étoilés montrent des lignes en forme d'étoile. Cet effet, l'astérisme, est dû à la lumière qui se reflète dans de minuscules aiguilles de rutile. Le diadème ci-contre accumule les tailles, couleurs et variétés de pierres pour obtenir sous les lumières un scintillement maximal.

SAPHIR

PYROPE, VARIÉTÉ DE GRENAT (CRISTAUX)

BROCHE EN GRENAT ET QUARTZ

LES PIERRES SEMI-PRÉCIEUSES

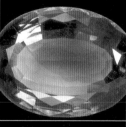

▲ DES GEMMES DES PROFONDEURS DE LA TERRE

L'exceptionnelle combinaison de chaleur et pression extrêmes des profondeurs peut créer des gemmes dures et sombres comme le péridot et le grenat. Il existe de nombreuses sortes de grenat – leur chimie varie beaucoup. Le pyrope de la broche ci-dessus est rouge sang à cause de la présence de chrome. Le grossulaire, lui, est orangé ou rose à cause de traces de fer et de manganèse.

TOURMALINE
Elle possède la plus grande gamme de couleurs. Certains cristaux sont même parfois roses à une extrémité et verts à l'autre, comme ci-dessus. On les appelle des tourmalines pastèques, à cause de la référence à la couleur de ce fruit. Les tourmalines étaient très recherchées jadis par les tsars.

AMÉTHYSTE
Dans cette variété semi-précieuse du quartz, les couleurs varient du mauve pâle au violet profond, à cause d'impuretés de fer. Les plus belles améthystes viennent du Brésil, d'Inde et de Russie, où on les trouve dans des géodes (roches creuses). Les plus grandes géodes à améthyste sont si grandes qu'une personne peut y pénétrer.

TOPAZE
Elle possède de nombreuses couleurs, de transparent à rouge. La topaze incolore est souvent confondue avec le diamant. La variété orange sombre (ci-dessus) s'appelle topaze jacinthe. Les cristaux de topaze se forment dans les roches ignées et peuvent devenir énormes. La plus grande topaze, brésilienne, pèse 272 kg.

PERLE BLANCHE

◄ LES GEMMES ORGANIQUES
Elles sont fabriquées par des organismes vivants. Ce groupe comprend la perle, l'ambre et le jais. Les huîtres perlières vivent dans des eaux chaudes. La perle – qui peut être de n'importe quelle couleur, du noir au blanc en passant par le rose, le vert, le violet –, croît par couches autour d'un grain de sable ou, dans le cas des cultures, d'un noyau inséré manuellement. Si l'on coupe une perle en deux, les couches se révèlent au microscope comme des pelures d'oignon. Plus le temps passe, plus la perle grossit.

COQUILLE D'HUÎTRE

DES PIERRES ARTIFICIELLES ►
Les gemmes sont précieuses, car elles sont rares ou difficiles à obtenir. C'est pourquoi s'est développée une fabrication de synthèse : le mélange adéquat des éléments chimiques cristallise dans les conditions requises, jusqu'à l'obtention de pierres synthétiques difficiles à distinguer des naturelles. Les zircons cubiques «diamants», fabriqués à partir de cristaux d'oxyde de zirconium, sont presque aussi durs et étincelants que les vrais diamants.

ZIRCON CUBIQUE

LES ARTS, LA DÉCORATION

Outre les pierres précieuses, bien d'autres roches et minéraux sont utilisés dans un but esthétique. Bien qu'ils ne soient pas aussi transparents ou brillants que les pierres précieuses, ils présentent aussi des couleurs et des motifs intéressants. Pour habiller les façades, presque toutes les roches conviennent, si l'on peut les polir et si elles résistent à l'érosion. Les exemples courants de pierres d'ornementation sont le marbre, le calcaire, le travertin, l'ardoise et le granit. Les artistes et les artisans du temps jadis comme d'aujourd'hui jouent avec les minéraux pour sculpter des statues (marbre) ou réaliser des objets raffinés en agate, onyx, jade ou jaspe.

AGATE

TABATIÈRE
DU XVIIIᵉ SIÈCLE

L'AGATE ▲

L'agate, une forme de calcédoine striée, est l'un des minéraux les plus populaires en décoration. Au XVIᵉ siècle, une véritable industrie d'ornementation s'est développée autour de l'agate dans le district d'Idar-Oberstein, en Allemagne. L'agate à couches concentriques colorées était particulièrement prisée (tabatière ci-dessus). De nos jours, la majorité de l'agate décorative est teintée artificiellement.

▼ L'ONYX

C'est une variété d'agate à bandes horizontales alternées, blanches et noires. La cornaline a des bandes rouges et blanches ; la sardoine (ci-dessous), des brunes et blanches. L'onyx est populaire en décoration depuis la Rome antique. D'ailleurs, les Romains appelaient « onyx » toutes les pierres qu'ils trouvaient assez jolies pour être taillées. À droite, un pot à tabac chinois du XIXᵉ siècle.

LE JASPE ▶

Roche marbrée rouge brique du groupe du quartz, le jaspe est une sorte de chaille (roche sédimentaire) qui forme des nodules solides dans les calcaires. Le jaspe rouge (ci-dessous) tire sa couleur des traces de fer, alors que le jaspe vert doit la sienne à de petites fibres d'actinolite (minéral). Quasi opaque au naturel, scintillant quand il est mouillé, le jaspe se polit bien.

VASE DU
XVIIIᵉ SIÈCLE

SARDOINE

JASPE

LE JADE ▶

Le jade est en fait l'association de deux minéraux de décoration, la néphrite et la jadéite, qui peuvent être blancs, incolores ou rouges, mais la couleur la plus recherchée est le vert pâle. Le jade est particulièrement prisé en Chine, où, depuis des milliers d'années, il a été taillé en diverses formes : bijoux, décorations et petites statues. L'une des plus belles découvertes archéologiques a été la tombe Han du prince Liu Sheng et de la princesse Tou Wan datant de 113 av. J.-C. Chaque corps est revêtu d'une armure constituée de plus de 2 000 plaquettes de jade, cousues par des fils d'or. Selon une ancienne croyance locale, le jade protégerait le corps de la décomposition – et peut-être aussi des mauvais esprits – et lui donnerait l'immortalité.

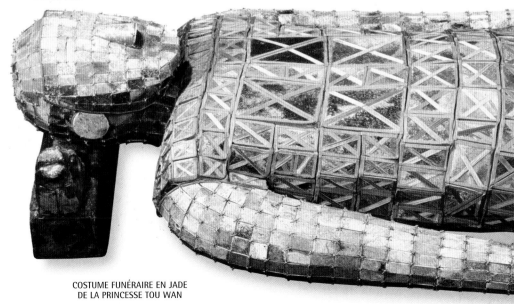

COSTUME FUNÉRAIRE EN JADE
DE LA PRINCESSE TOU WAN

◄ UNE DÉCORATION ÉTANCHE

La plupart des roches sont non seulement colorées et résistantes, mais aussi étanches et bonnes conductrices de la chaleur. C'est donc le matériau idéal pour décorer les salles d'eau et les patios sous les climats chauds. L'eau des douches et des fontaines peut couler sur la pierre sans provoquer aucun dommage. Les pierres conduisent bien la chaleur et l'évacuent vite aussi, ce qui fait qu'elles restent fraîches au toucher.

SCULPTER LA ROCHE ►

Les techniques pour tailler la pierre ont peu évolué. Les principaux outils sont toujours un ciseau et un marteau. Certains sculpteurs utilisent un maillet pneumatique (à air comprimé). Cependant, la technique de base reste la même : frapper à petits coups pour faire sauter des fragments de roche.

LE MARBRE BLANC ►

C'est, depuis la Grèce antique, le matériau de prédilection des sculpteurs. Ce magnifique cheval de l'Acropole, à Athènes, date d'environ 490 av. J.-C. Comme tous les meilleurs marbres blancs, il a une teinte crémeuse, car il n'est pas complètement opaque: la lumière pénètre suffisamment sous la surface pour que les cristaux puissent la réfléchir.

◄ UNE SURFACE DE GRANIT POLI

Si sa grande résistance au temps et à l'érosion fait du granit une pierre de construction essentielle, ses couleurs et les belles mouchetures des gros grains attirent les décorateurs, particulièrement pour le couper en plaque et le polir. On utilise souvent le granit pour couvrir les murs extérieurs. Cette pierre, qui demande peu d'entretien, résiste à la chaleur et aux salissures, a été adoptée par les cuisinistes modernes pour habiller les sols et les plans de travail.

@n

Art appliqué

Plaquettes de jade

Marbre blanc taillé, lisse et soyeux

Poignée en os entourée de peau de phoque

Lame acérée en cuivre martelé

LES MÉTAUX DANS L'HISTOIRE

Il y a environ 6000 ans, des hommes ont martelé de l'or et de l'argent natifs pour en faire des objets. Différentes cultures ont rapidement découvert que les roches contiennent d'autres métaux, comme le cuivre, l'étain, le fer et le plomb, chacun doté de caractéristiques propres. Ce qui a rendu les métaux précieux, c'est leur durabilité et leur malléabilité – ils pouvaient être façonnés aussi bien en armes et outils rudimentaires qu'en machines élaborées, et ils duraient. Ces qualités ont fait du métal l'une des clés de l'évolution technologique.

▲ LE CUIVRE BATTU

Le cuivre a été l'un des premiers métaux utilisés pour les objets quotidiens, car il s'extrait facilement du sol et il peut être mis en forme au marteau, comme cette lance d'apparat inuit. Des découvertes archéologiques autour du lac Supérieur (Amérique du Nord) montrent que les peuples dits de l'«ancienne culture du cuivre» ont commencé à extraire le cuivre il y a environ 5000 ans.

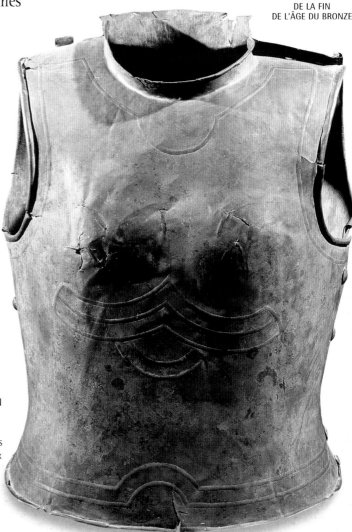

ARMURE DE LA FIN DE L'ÂGE DU BRONZE

▲ LA DÉCOUVERTE DU BRONZE

Apprendre à mélanger le cuivre avec l'arsenic – et plus tard avec l'étain – pour fabriquer du bronze a été une avancée considérable en métallurgie. L'âge du bronze a duré d'environ 3000 av. J.-C., quand le bronze a été découvert en Asie du Sud-Ouest, jusqu'aux alentours de 1000 av. J.-C., quand le fer a été largement utilisé. La frise en bronze ci-dessus (840 av. J.-C.), ornait d'énormes portes en bois dans la cité assyrienne de Balawat (Irak actuel).

◄ L'EXTRACTION DU CUIVRE PAR FUSION

Premiers utilisés par les hommes, les métaux natifs sont rares. Ce fut donc un grand progrès lorsque les métallurgistes découvrirent comment obtenir des métaux à partir des minerais (roches qui contiennent les métaux), il y a 5000 ans. Ils ont chauffé le minerai en atmosphère réductrice jusqu'à ce que les métaux fondent et s'écoulent sous forme de liquide. Ce processus s'appelle l'extraction par fusion. Sur la gravure ci-contre, l'ouvrier équipé d'un masque pour se protéger des fumées charge le minerai dans le four. Le cuivre a été le premier métal à être extrait par fusion, à partir de minéraux riches en sulfure de cuivre, comme la chalcopyrite.

▲ UN USAGE MILITAIRE

Le cuivre est trop souple pour faire une bonne lame qui reste aiguisée. Les peuples du Moyen-Orient ont découvert que l'addition d'étain au cuivre le rendait beaucoup plus dur. Cet alliage, le bronze, a permis de faire des épées et des armures. Quand les Grecs ont attaqué les Troyens lors de la guerre de Troie, peut-être espéraient-ils mettre la main sur le fameux négoce du bronze de cette cité prospère. Le bronze fut apporté au reste de l'Europe – où cette superbe armure a été fabriquée – par les navires marchands grecs.

◄ LE PILIER EN FER DE NEW DELHI (INDE)
Il y a environ 3 500 ans, en Anatolie (Turquie actuelle), les Hittites savaient extraire le fer par la fusion. Le minerai de fer était relativement courant et bon marché. La métallurgie du fer a commencé il y a 3 000 ans environ en Mésopotamie. Ce pilier de 7 m de haut a été édifié en Inde sous la dynastie Gupta, au Vᵉ siècle de notre ère. La qualité du fer utilisé pour fabriquer ce pilier est très pure et n'a pas rouillé du tout, malgré le climat chaud et humide.

Inscription en sanskrit expliquant que ce pilier a été édifié en mémoire du roi Chandragupta

L'ALCHIMIE

Les premières connaissances en chimie, incluant les propriétés des métaux et des acides, sont dues aux alchimistes, qui cherchaient à transformer les métaux de base, comme le plomb, en métaux précieux, tels l'or ou l'argent. Certains alchimistes ont même cherché le moyen de devenir immortels à travers leurs expériences. Les alchimistes étaient particulièrement intéressés par le mercure, qui pouvait être associé à d'autres métaux pour faire des poudres colorées. L'étude de l'alchimie a commencé en Égypte et s'est répandue à travers l'Asie et en Europe au Moyen Âge.

Métallurgie

L'ÂGE DU FER ET DE L'ACIER ►
On peut transformer le fer en un matériau plus dur, l'acier, en le chauffant et en le mélangeant (alliage) avec du carbone. Les métallurgistes indiens ont découvert ce processus il y a plus de 2 000 ans. Mais c'est seulement à la fin du XVIIIᵉ siècle que ce processus a été développé pour la production massive de fer et d'acier en Angleterre : ce fut le début de la révolution industrielle. La première aciérie (à droite) a été construite à Coalbrookdale. Il en sort les machines fumantes et vrombissantes de l'âge moderne – depuis la machine à vapeur jusqu'aux machines à tisser.

Les cheminées crachent des gaz toxiques.

La fonte (alliage fer-carbone) a permis aux ingénieurs de créer des structures robustes.

Les aciéries se sont installées à proximité des réserves de charbon et de minerai de fer.

◄ LE FER DANS LA CONSTRUCTION
Autrefois, le fer était ouvragé (martelé) à la main. Le processus de moulage (à partir de fer fondu) apparaît au VIᵉ siècle av. J.-C. en Chine. La demande croissante de fer lors de la révolution industrielle a entraîné le développement à grande échelle des techniques de coulée, quand les ingénieurs se sont rendu compte que la fonte était si résistante qu'elle pouvait servir dans la construction de ponts et autres structures supportant de lourdes charges. Ce pont en arche du XVIIIᵉ siècle à Coalbrookdale (Angleterre) a été le premier pont métallique du monde.

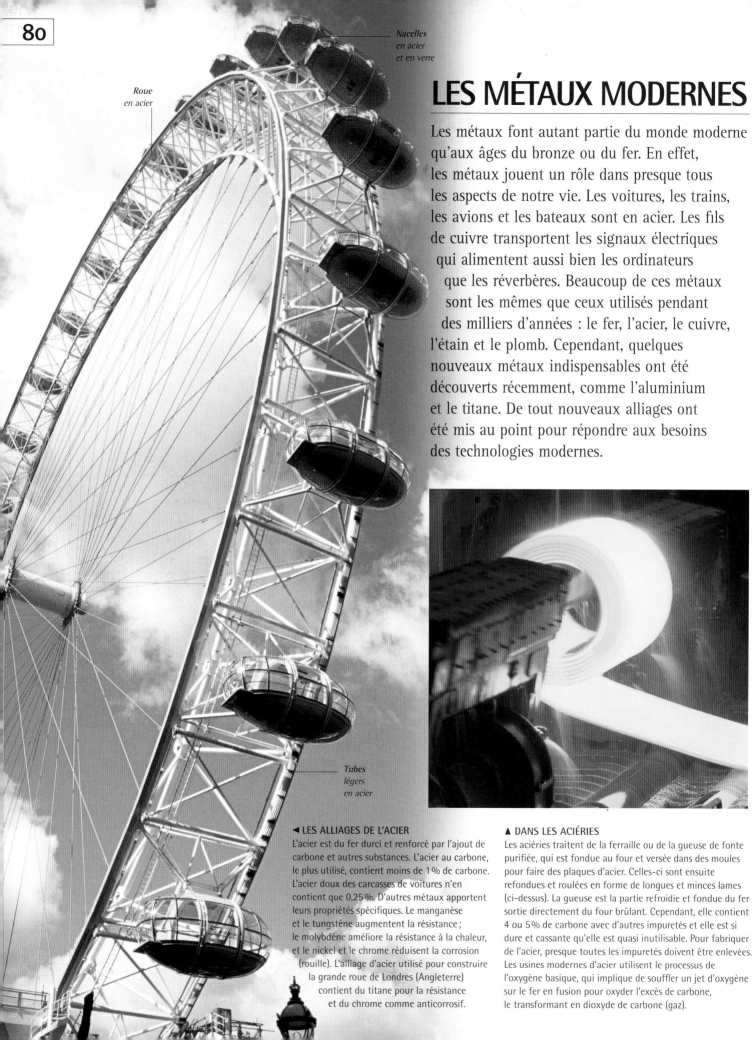

*Roue
en acier*

*Nacelles
en acier
et en verre*

LES MÉTAUX MODERNES

Les métaux font autant partie du monde moderne qu'aux âges du bronze ou du fer. En effet, les métaux jouent un rôle dans presque tous les aspects de notre vie. Les voitures, les trains, les avions et les bateaux sont en acier. Les fils de cuivre transportent les signaux électriques qui alimentent aussi bien les ordinateurs que les réverbères. Beaucoup de ces métaux sont les mêmes que ceux utilisés pendant des milliers d'années : le fer, l'acier, le cuivre, l'étain et le plomb. Cependant, quelques nouveaux métaux indispensables ont été découverts récemment, comme l'aluminium et le titane. De tout nouveaux alliages ont été mis au point pour répondre aux besoins des technologies modernes.

*Tubes
légers
en acier*

◄ LES ALLIAGES DE L'ACIER

L'acier est du fer durci et renforcé par l'ajout de carbone et autres substances. L'acier au carbone, le plus utilisé, contient moins de 1% de carbone. L'acier doux des carcasses de voitures n'en contient que 0,25%. D'autres métaux apportent leurs propriétés spécifiques. Le manganèse et le tungstène augmentent la résistance ; le molybdène améliore la résistance à la chaleur, et le nickel et le chrome réduisent la corrosion (rouille). L'alliage d'acier utilisé pour construire la grande roue de Londres (Angleterre) contient du titane pour la résistance et du chrome comme anticorrosif.

▲ DANS LES ACIÉRIES

Les aciéries traitent de la ferraille ou de la gueuse de fonte purifiée, qui est fondue au four et versée dans des moules pour faire des plaques d'acier. Celles-ci sont ensuite refondues et roulées en forme de longues et minces lames (ci-dessus). La gueuse est la partie refroidie et fondue du fer sortie directement du four brûlant. Cependant, elle contient 4 ou 5% de carbone avec d'autres impuretés et elle est si dure et cassante qu'elle est quasi inutilisable. Pour fabriquer de l'acier, presque toutes les impuretés doivent être enlevées. Les usines modernes d'acier utilisent le processus de l'oxygène basique, qui implique de souffler un jet d'oxygène sur le fer en fusion pour oxyder l'excès de carbone, le transformant en dioxyde de carbone (gaz).

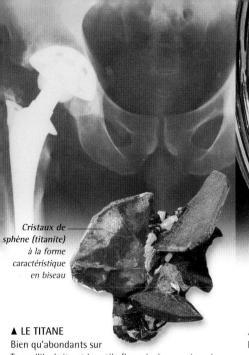

Cristaux de
sphène (titanite)
à la forme
caractéristique
en biseau

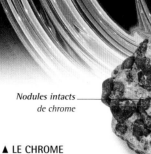

Nodules intacts
de chrome

Cristaux de
sphalérite aux
couleurs allant du
noir au blanc

▲ LE TITANE

Bien qu'abondants sur
Terre, l'ilménite et le rutile (les principaux minerais
de titane) n'ont été découverts que dans les années
1790. De nos jours, le titane est l'un des métaux
les plus importants dans les technologies modernes,
de l'aéronautique aux prothèses de hanche
(ci-dessus). Il résiste à la corrosion, est plus solide
que l'acier et quasi aussi léger que l'aluminium.

▲ LE CHROME

La chromite (minerai de chrome)
se trouve partout dans le monde. Le chrome ajouté à
l'acier donne l'acier inoxydable, brillant, dur et très
résistant à la corrosion. La quantité de chrome varie
de 10 à 26 %. Pour leur donner un aspect brillant
durable, on « chrome » des objets métalliques quotidiens,
aussi bien les robinets et les enjoliveurs de voiture
(en haut) que les machines à café.

▲ LE ZINC

La sphalérite et la
smithsonite sont les principaux minerais de zinc.
Depuis l'Antiquité, le zinc est associé au cuivre
pour faire du laiton. À présent, il sert à galvaniser
l'acier – une mince couche empêche l'acier
de rouiller. Un composé du zinc est aussi
utilisé dans des crèmes « écran total » (en haut) :
il renvoie les rayons nocifs du Soleil.

◄ L'ALUMINIUM

L'aluminium est le plus abondant de tous les métaux terrestres
et l'un des plus largement utilisés. Sa grande conductivité,
son faible poids et sa résistance à la corrosion le rendent utile
aussi bien dans les câbles à haute tension (à gauche) que dans
les emballages alimentaires. La bauxite (minerai d'aluminium)
n'a été découverte qu'en 1808, et le moyen de l'extraire,
qu'en 1854. La bauxite n'est pas une roche solide comme
tous les autres minerais, c'est une sorte de latérite,
un matériau non consolidé.

Métaux

Ailes en alliage
de titane enrichi,
solides et légères

LES PROBLÈMES LIÉS À L'EXPLOITATION MINIÈRE

Les méthodes minières modernes marquent de vastes zones par d'énormes cratères et
empoisonnent les lacs et les cours d'eau situés à proximité. Ici, une rivière polluée par
les déchets d'une mine de charbon se jette dans le fleuve Ohio (États-Unis). La couleur rouge-
brun provient de pyrites. Rien qu'aux États-Unis, en 2000, l'industrie minière a rejeté
15 000 tonnes de déchets toxiques dans l'environnement.

▲ LES ALLIAGES DE POINTE

La demande de l'industrie aérospatiale en métaux
de plus en plus légers et résistants a conduit au développement
de nouveaux alliages, dont beaucoup impliquent du titane ou
de l'aluminium. Un avion de chasse comme le F-16XL (ci-dessus)
contient jusqu'à 10 % de titane en poids et une douzaine, voire plus,
d'alliages spécifiques, chacun ayant une tâche précise. Pour le nouveau
Super Airbus A380, trois nouveaux alliages d'aluminium ont été créés,
utilisant des métaux tels que le cobalt, l'hafnium, le molybdène
et le titane, pour lui donner plus de solidité et de flexibilité,
tout en le protégeant des tensions et de la corrosion.

LES MINÉRAUX DANS L'INDUSTRIE

Le quartz, la silice et le gypse sont extraits en masse (grandes quantités) des roches sédimentaires : calcaires, argile et schistes argileux. Certains minéraux entrent dans la fabrication des ciments, et les agrégats (morceaux de pierres écrasées, gravier), avec le ciment, donnent le béton. D'autres aident à purifier les métaux ou à préparer le charbon pour les centrales thermiques. Les minéraux en masse sont aussi utilisés dans le verre, la peinture, les céramiques, l'électronique, les médicaments et bien d'autres produits.

GYPSE

◄ LA CALCITE (LA CRAIE)

La majorité du calcaire est faite de calcite (carbonate de calcium). La craie est de la calcite pure. Connue depuis toujours, c'est un ingrédient essentiel du ciment et des engrais. Lorsqu'elle est pure et en poudre, on l'appelle «whiting» et elle est largement utilisée en tant que colmatant ou comme pigment dans les céramiques, les peintures, le papier, les cosmétiques, les plastiques, le linoléum et le mastic.

CALCITE

◄ LE CIMENT

Le ciment est la «colle» qui tient les briques des constructions et lie les agglomérats, comme le sable et les graviers, en béton. Les Romains l'ont utilisé en l'an 126 pour le premier dôme en béton du monde : la coupole du Panthéon, à Rome. Pour fabriquer le ciment, ils ont mélangé de la chaux mouillée à des cendres volcaniques prises à proximité de la cité de Pouzzoles (Pozzuoli). De nos jours, le ciment est un mélange de calcaire (calcite), silice, aluminium, gypse et oxyde de fer.

Le dôme du Panthéon, à Rome, est en béton, un mélange de ciment, sable et gravier.

Industrie

▲ LE PLÂTRE DE GYPSE

Le plâtre actuel est issu de poudre de gypse, séchée par chauffage, puis additionnée d'eau. Ce plâtre était déjà utilisé par les Égyptiens pour couvrir les pyramides. Le plâtre de gypse est de nouveau apprécié (ci-dessus) à cause du temps de séchage réduit et d'un fini très résistant. Il n'y a pas si longtemps, en Europe et en Amérique du Nord, le plâtre de chaux traditionnel (à partir de calcaire chauffé) donnait un fini lisse, doux et blanc – mais le séchage était long. Aussi ce plâtre convenait-il bien comme surface pour les fresques et pour les moules de décoration.

▲ NEUTRALISER LES LACS ACIDES AVEC DE LA CHAUX

Quand le calcaire est chauffé dans un four à chaux, il se transforme en chaux vive. Mélangée à de l'eau, la chaux vive devient chaude et enfle, ce qui la rend «rapide», un ancien mot pour dire «vivante». Après addition d'eau, cette chaux est dite «éteinte», car elle ne réagit plus avec l'eau, sa «soif» étant satisfaite. La chaux est largement utilisée comme engrais et dans le traitement de l'eau et des déchets pour réduire l'acidité. Récemment, la chaux a été utilisée pour neutraliser les effets des pluies acides. De grandes quantités de chaux vive ont été déversées dans des lacs acides afin de neutraliser l'acidité qui tuait la flore. Cette méthode n'est efficace que dans de petits lacs.

◄ LE KAOLIN

La «terre à porcelaine» est une argile
blanche et douce. Le mot kaolin vient
d'une colline chinoise d'où on l'extrait
depuis des siècles. Le kaolin procure
le matériel de base de la porcelaine
et il blanchit le papier. Principalement
constitué de kaolinite, il contient
des traces d'autres minéraux, tels les
feldspaths. Les dépôts se forment
essentiellement à partir de l'altération
des roches riches en feldspaths. En
Amérique du Sud, les perroquets
lèchent le kaolin pour se protéger
des toxines contenues dans
certains fruits et plantes
tropicaux et dans les
graines qu'ils consomment.

VASE EN PORCELAINE

Le verre
est fait à partir
de la silice.

LE BÉTON ►

Matériau de construction le plus
économique, résistant et polyvalent, le béton
est constitué de granulats liés avec du
ciment. Le comportement du béton dépend
en partie du ciment qui est mélangé,
mais surtout du type de granulats utilisé.
Les agrégats communs sont constitués
de sable, de roches écrasées ou brisées,
de cendres bouillantes
et d'argile brûlée.

Bétonnage
d'un fossé
d'écoulement
destiné à
contrôler les
inondations

Le verre fondu
s'écoule comme
du caramel et peut
facilement être
modelé et soufflé.

LES MINÉRAUX FRÉQUEMMENT UTILISÉS DANS L'INDUSTRIE

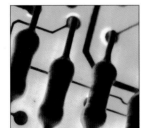

TALC
C'est le minéral le plus doux.
On le trouve souvent dans
une roche douce, la pierre
de savon. Lorsque celle-ci
est réduite en poudre (poudre
de talc), on l'utilise seule pour
ses qualités d'agent asséchant,
mais le talc entre aussi dans
la fabrication des cosmétiques,
des peintures, des lubrifiants
et des céramiques.

MICA
Ce minéral très important
se trouve dans presque toutes
les roches. Les formes les plus
usitées sont la muscovite
et la phlogopite, qui se clivent
facilement en feuillets fins
et résistent à la chaleur et à
l'électricité. C'est ce qui fait du
mica un choix idéal pour isoler
les composants électriques,
telles les plaquettes de circuits.

BORAX
C'est un composé chimique léger
fait à partir de minéraux comme
la colémanite et la kernite.
La majorité de ces minéraux
proviennent de croûtes formées
à partir de dépôts d'évaporites
autour de lacs en Californie
(États-Unis). Le borax a un
grand nombre d'applications :
céramiques, verrerie, travail des
métaux (ci-dessus) et soudure.

▲ LA SILICE

La silice est le nom d'un groupe de minéraux constitués d'oxyde
de silicium – une combinaison des deux éléments les plus abondants dans la croûte terrestre, le silicium et l'oxygène. La silice
se trouve sous une grande variété de formes. La plus répandue
est le quartz, tellement courant qu'il se trouve dans tous
les matériaux provenant des mines et des carrières.
C'est l'un des ingrédients essentiels de la technologie moderne :
verrerie (ci-dessus), peintures, plastiques, colles, céramiques,
fonderie, moulages, granulats, forages pétroliers,
agriculture et électronique.

LES MINÉRAUX DANS LA MAISON

Une maison moderne est construite presque entièrement à partir de matériaux dérivés des minéraux. La seule exception est le bois, qui est utilisé pour la charpente et les portes, voire les planchers. Les fondations sont en béton (gravier, sable et ciment), les murs en briques (argile) liées par du mortier (calcaire). Les tuiles (argile) et les gouttières en plastique (pétrole) protègent de la pluie. L'eau courante parvient par des tuyaux en plastique ou métalliques (cuivre) à l'évier en céramique (argile) ou en métal (acier inoxydable) et à la chaudière. Les carreaux en verre (silice) des fenêtres permettent à la lumière naturelle de pénétrer. Des fils de cuivre apportent l'électricité et les télécommunications.

Construction

LES MINÉRAUX UTILISÉS DANS LA MAISON ▶
Toutes les maisons modernes sont constituées de minéraux, comme le gypse et le calcaire, et de métaux, tels le cuivre et l'acier, ayant subi un traitement industriel. La roche naturelle, par exemple le granite et le marbre, est souvent utilisée de façon décorative dans les cuisines et les salles de bains. Alors qu'avant toutes les maisons étaient construites avec des matériaux locaux, maintenant il est quasi impossible de retracer l'origine de tous les minéraux qui constituent une maison moderne. Dans un simple lavabo, on peut trouver des borates de Californie, des feldspaths potassiques de Russie et de la kaolinite de la République tchèque.

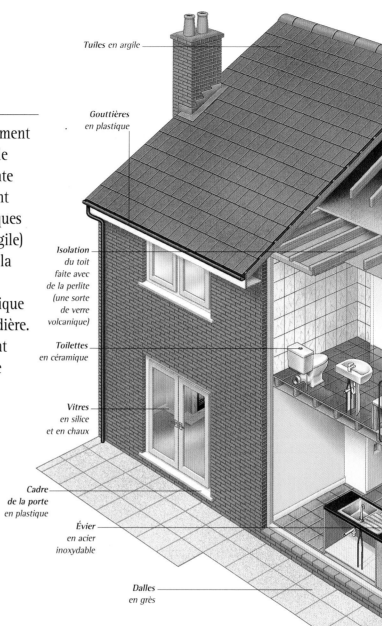

Tuiles en argile

Gouttières en plastique

Isolation du toit faite avec de la perlite (une sorte de verre volcanique)

Toilettes en céramique

Vitres en silice et en chaux

Cadre de la porte en plastique

Évier en acier inoxydable

Dalles en grès

▲ LE MORTIER (CIMENT, SABLE)
Le mortier – mélange de ciment, de sable et d'eau – lie les briques et les pierres. Le ciment dit de Portland, breveté en 1824, est un fin mélange de chaux (hydroxyde de calcium obtenu à partir de calcaire chauffé) avec de l'argile ou des schistes argileux.

▲ LES TUILES (ARGILE)
Si certains toits sont encore en ardoise, la plupart sont en tuiles d'argile moulées. Traditionnellement, les tuiles d'argile étaient faites à la main et gardaient leur teinte naturelle. Les tuiles modernes sont faites à la machine, colorées à l'identique, et chauffées dans des fours à hautes températures.

▲ LES TUYAUX (CUIVRE)
Les tuyaux d'eau sont généralement en cuivre, car c'est un matériau économique et facile à façonner. Mais le cuivre n'est pas très bon pour la consommation d'eau potable : trop de cuivre peut être toxique pour les bébés.

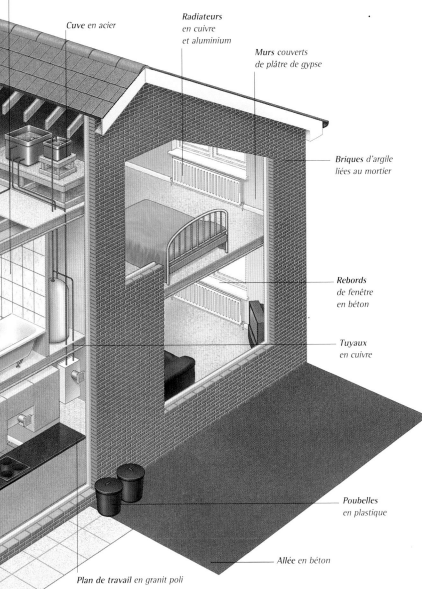

Tuiles en céramique

Cuve en acier

Radiateurs
en cuivre
et aluminium

Murs couverts
de plâtre de gypse

Briques d'argile
liées au mortier

Rebords
de fenêtre
en béton

Tuyaux
en cuivre

Poubelles
en plastique

Allée en béton

Plan de travail en granit poli

UN BÂTIMENT ÉCOLOGIQUE

Il existe des matériaux de construction alternatifs. Cette maison écologique est en partie construite avec des bottes de foin, ce qui l'isole tellement bien qu'il n'est pas nécessaire de beaucoup chauffer, et l'énergie solaire y pourvoit en partie. En guise d'isolation phonique, des feuilles de fibre de verre couvrent les sols. Des sacs de sable remplis de ciment font office de fondations. Le claustra et la barrière métallique, un mélange entre des matériaux naturels et recyclés, procurent l'intimité nécessaire.

LES BRIQUES ►

Les anciennes briques étaient de la boue moulée et séchée au soleil. L'idée de faire chauffer les briques dans un four pour les durcir est apparue il y a 3 500 ans. Le processus de base est resté le même, mais une plus large gamme d'argiles est utilisée, incluant aussi bien l'argile des rivières que les schistes argileux et les argiles réfractaires extraites du sol.

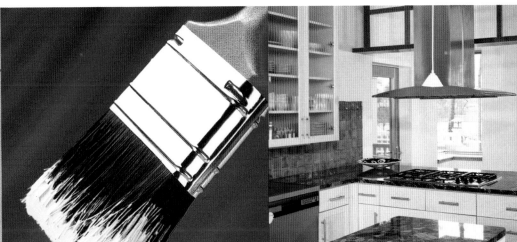

▲ LE VERRE (SILICE)

Les vitres sont en silice, cendres de soude, chaux avec un peu de magnésie (oxyde de magnésium). Du sélénium ou des oxydes de cobalt sont ajoutés pour enlever la teinte verte due aux traces de fer. Tout cela permet d'avoir une meilleure transparence.

▲ LA PEINTURE (OXYDE DE TITANE)

Depuis au moins un siècle, la plupart des maisons sont décorées avec des peintures toutes prêtes, faites d'huile de lin, de térébenthine, de pigments colorés et d'une base. Jadis, cette base était du plomb, mais comme celui-ci est toxique, il a été remplacé par le dioxyde de titane.

▲ LA CUISINE AMÉNAGÉE (GRANIT, ARGILE)

Le granit poli est choisi pour sa longévité, sa résistance à la chaleur et son aspect luxueux. Les carreaux de céramique (argile) vernis protègent les murs de l'eau et de la graisse. L'acier inoxydable est utilisé dans les appareils ménagers et l'évier.

L'humus noir est composé de plantes et de matières organiques.

Le sol superficiel est riche en humus (matières en décomposition) et en minéraux.

Le sous-sol est pauvre en humus.

LES NUTRIMENTS MINÉRAUX

Toutes les plantes et tous les animaux dépendent des minéraux pour leurs nutriments – substances essentielles à la vie et à la croissance. Les principaux nutriments que les plantes absorbent par leurs racines sont le calcium, le phosphore, et le potassium, complétés de petites quantités de fer, de cobalt, de zinc, de manganèse, de bore, de nickel et de cuivre. Quant aux animaux et aux hommes, ils trouvent principalement dans leur alimentation le fer, le calcium, le sodium et le potassium dont ils ont besoin.

▲ LES PLANTES

Les racines absorbent dans le sol l'eau riche en minéraux. Chaque racine est couverte de minuscules poils racinaires, qui s'étirent dans l'eau et procurent un apport continuel le long de la tige jusqu'en haut des branches et des feuilles.

▲ LES MINÉRAUX DU SOL

Mélange de matière organique et de minéraux, tels la silice et les oxydes de fer, les sols contiennent tous les minéraux nécessaires à la croissance d'une plante. Cependant, ils ne sont pas toujours présents en quantités suffisantes. Aussi certains sols sont-ils plus fertiles que d'autres. Quand un sol vieillit, il développe différentes couches qui contiennent des minéraux différents. Dans les régions fortement pluvieuses, les minéraux sont souvent lessivés vers une couche plus profonde.

▲ LES HERBIVORES

Les herbivores, tels les hippopotames et les vaches, obtiennent tous les minéraux nécessaires par l'ingestion des végétaux. Néanmoins, en cas de carences en calcium et en phosphore, les herbivores lèchent des dépôts de sel (sodium et chlorure) pour compenser ce manque.

▲ LES CARNIVORES

La viande dont se nourrissent les carnivores contient presque tous les minéraux dont ils ont besoin pour rester en bonne santé : calcium, chrome, cuivre, fer, sélénium, soufre et zinc. Cependant, elle est dépourvue de minéraux vitaux tels le sel, le potassium, l'iode et le manganèse. Les carnivores complètent donc leur alimentation avec certaines plantes.

L'huile d'olive contient du sodium.

Le poivron apporte de la vitamine C, qui améliore l'absorption du calcium.

Le lait contient du calcium.

Les noix apportent du manganèse, du phosphore et du cuivre.

Les fruits et légumes frais sont riches en phosphore, soufre et potassium.

Les légumineuses apportent du magnésium, du potassium et du manganèse.

Les légumes verts feuillus contiennent du fer, du calcium et du molybdène.

◄ LES MINÉRAUX DANS LES ALIMENTS

Les hommes ont besoin de consommer 16 minéraux pour rester en bonne santé. De grandes quantités des oligoéléments essentiels – calcium, sodium, magnésium, phosphore et potassium – sont nécessaires, ainsi que de petits apports de fer et de zinc, et d'infimes quantités de sélénium, de magnésium et d'iode. Une alimentation variée y pourvoit. Cependant, les mêmes ingrédients peuvent contenir des quantités différentes de minéraux selon le type de sol dans lequel ils ont poussé. On voit ci-contre quels aliments fournissent les minéraux et vitamines de base.

Les carottes contiennent du béta carotène, qui est transformé en vitamine A.

Le poisson apporte du phosphore, du chrome, de l'iode et du sélénium.

Les piments contiennent de la vitamine C.

@↦

Santé

*Dépôts de minéraux
dans un ostéoblaste*

*Le lait est l'une
des meilleures
sources de calcium.*

◄ LA FORMATION DES OS

Plus d'un dixième de notre squelette est remplacé chaque année. Des cellules (ostéoclastes) éliminent les tissus osseux vieillis, tandis que d'autres (ostéoblastes) créent de l'os neuf en produisant du collagène caoutchouteux et en déposant des couches de calcium et de phosphore, ce qui donne à l'os sa rigidité. Chez les jeunes enfants, les ostéoblastes sont plus nombreux que les ostéoclastes, et donc plus d'os sont créés que détruits. Plus on vieillit, moins les os se régénèrent.

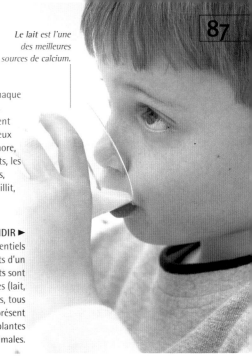

DU CALCIUM POUR GRANDIR ►

Le calcium et le phosphore sont essentiels dans la croissance des os et des dents d'un enfant. C'est pour cela que les enfants sont encouragés à consommer des laitages (lait, fromages, yaourts) et des légumes verts, tous riches en calcium. Le phosphore est présent dans presque toutes les plantes et les protéines animales.

◄ LE SANG ET LE FER

Les globules rouges (ici fortement grossis) sont des cellules qui transportent l'oxygène dans le corps. L'oxygène est transporté dans chaque cellule par une unique molécule, l'hémoglobine, qui contient du fer. Dans les poumons, l'oxygène s'attache au fer et est délivré à tous les tissus par le sang. L'hémoglobine brille avec une teinte rouge vif quand elle transporte de l'oxygène, ce qui donne sa couleur rouge au sang oxygéné. S'il y a une carence en fer, les globules rouges ne peuvent plus transporter autant de fer et donc des signes d'essoufflement apparaissent, le cœur se met à pomper plus vite et les poumons essaient de compenser le manque d'oxygène.

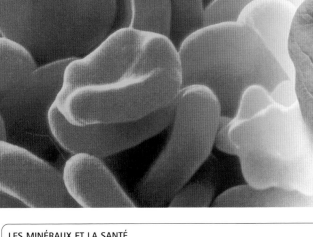

*Les feuilles d'épinard
fournissent du fer.*

◄ LES SOURCES DU FER

Même si le fer – essentiel à toutes nos cellules – se trouve dans de nombreux aliments, son absorption par le corps diffère selon l'aliment. Le fer contenu dans la viande et le poisson est mieux assimilé que celui des fruits, haricots, graines, ou des légumes verts tels les épinards. L'assimilation du fer de ces aliments peut être augmentée en y associant de la vitamine C.

LES MINÉRAUX ET LA SANTÉ

Le bain dans des sources minérales et naturellement chaudes se pratique depuis la nuit des temps. Le premier spa connu se trouve à Merano, en Italie : il date de 5 000 ans. Longtemps réservées à l'élite sociale, les cures thermales participent à soigner des maladies comme la cirrhose, la goutte, l'arthrite et la tension. Se baigner dans des eaux riches en minéraux peut avoir des effets bénéfiques sur la peau et est très relaxant. Les ventes d'eaux minérales n'ont jamais été aussi importantes que de nos jours.

LES COMPLÉMENTS EN MINÉRAUX ►

Une carence en fer dans l'alimentation sur une longue période peut conduire à une anémie en fer : la personne est pâle et fatiguée. Une alimentation équilibrée, incluant de la viande rouge (bœuf), annule ce risque. En revanche, les végétariens y sont plus exposés. Plutôt que d'avaler des compléments alimentaires en fer, mieux vaut, disent les médecins, manger équilibré.

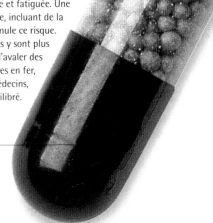

*Granules de fer
en capsule*

LA GÉOLOGIE SUR LE TERRAIN

Les géologues récoltent les minéraux directement sur le terrain, puis ils les identifient et les analysent par des procédés scientifiques. Les géologues et autres géoscientifiques ne testent pas simplement leurs théories en laboratoire ou avec des simulations mathématiques. Ils préfèrent collecter les données et tester les échantillons dans le monde réel – en affrontant des sommets venteux ou des volcans en éruption. Pour le géologue, le terrain peut aussi bien être un glacier en Arctique qu'une fosse océanique – en fait, il peut exercer son métier n'importe où sur la Terre.

◄ LES DONNÉES RADIOMÉTRIQUES

Un géologue utilise un compteur Geiger ou un radiomètre pour mesurer les quantités de radioactivité produites par la roche. Le niveau naturel (le bruit de fond) de radioactivité est le résultat de la décroissance radioactive de l'uranium, qui est présent dans presque toutes les roches et tous les sols. Quand l'uranium se désintègre, il produit le radon, un gaz radioactif qui s'échappe du sol en permanence. La lecture du compteur Geiger peut être utilisée pour identifier des roches dans des zones particulières, parce que chaque type de roche a une signature radiométrique différente.

▲ DES MESURES PAR SATELLITE

Les plaques lithosphériques bougent depuis des millions d'années. À l'échelle humaine, ces mouvements sont imperceptibles et difficiles à mesurer. Depuis l'invention des systèmes de mesure laser utilisant les satellites, les géologues peuvent détecter l'écartement des plaques, si minime (quelques millimètres) soit-il. Grâce au système de positionnement global (GPS), les géologues affinent leurs calculs. Les mesures par GPS ont montré qu'en 1994, lors du séisme de Northbridge, aux États-Unis (ci-dessus), un point en Californie, s'est déplacé vers le haut de 38 cm et vers le nord-est de 21 cm.

Le masque à gaz protège des gaz toxiques.

Marteau de géologue pour extraire les échantillons de roche

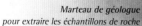

PRÉVOIR LES ÉRUPTIONS VOLCANIQUES ►

Une éruption soudaine peut avoir des effets dévastateurs, aussi les volcanologues essaient-ils d'identifier les signes géologiques précurseurs d'une éruption. Ici, ils collectent des échantillons de gaz au sommet du Colima, au Mexique. Ils recherchent des concentrations élevées en dioxyde de carbone – l'un des signes annonçant une éruption, les autres étant l'augmentation de la température du sol, des changements dans la gravité ou des variations dans les champs magnétique ou électrique. Cependant, les volcanologues ne peuvent toujours pas annoncer une éruption avec précision.

Géologue plongeur
examinant
des stromatolites

Géologie

Tapis de bactéries
fossilisées

◀ LA GÉOLOGIE SOUS-MARINE

Parfois, les géologues s'aventurent dans des endroits dangereux ou difficiles d'accès, comme le fond des océans. Le plongeur ci-contre cherche des stromatolites vivants dans les eaux des Caraïbes. Les stromatolites, qui ressemblent à des champignons de pierre géants, sont d'anciennes communautés bactériennes qui vivent sur des calcaires dans des eaux tropicales chaudes et peu profondes. Chaque communauté contient tellement de bactéries qu'un épais tapis de matière organique s'étale sur la roche. Des stromatolites fossilisés trouvés en Australie-Occidentale datent de plus de 3,5 milliards d'années : c'est la plus ancienne trace de vie à la surface de la Terre.

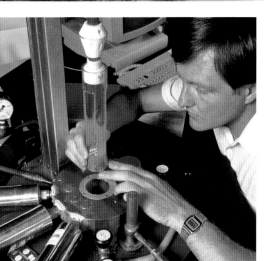

◀ COMPRENDRE LE CHAMP MAGNÉTIQUE TERRESTRE

Les échantillons de roche rapportés au laboratoire sont testés. Cet échantillon de basalte est placé dans un magnétomètre cryogénique pour mesurer la force et l'alignement de son champ magnétique. En effet, il contient des grains d'oxyde de fer qui indiquent la direction des pôles magnétiques terrestres au moment où la lave s'est refroidie. Les géologues utilisent cette information pour comprendre les modifications du champ magnétique terrestre au cours de millions d'années.

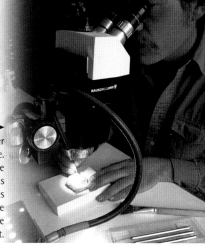

L'IDENTIFICATION DES ÉCHANTILLONS ▶

Les microscopes à haute définition permettent d'identifier les minéraux en révélant leur structure cristalline. Ils sont aussi utilisés pour préparer les échantillons de minéraux et de fossiles (ci-contre) pour des recherches plus poussées. Les minéraux qui ne peuvent pas être identifiés par la microscopie le seront par la cristallographie aux rayons X. Chaque cristal a sa propre structure chimique, qui diffracte les rayons différemment.

L'ÉQUIPEMENT NÉCESSAIRE SUR LE TERRAIN ▶

Vous pouvez collecter vos propres échantillons de roche et de minéraux en vous promenant sur la plage ou à la campagne. Munissez-vous de quelques outils de base : un marteau et un ciseau pour extraire les échantillons de roche, des lunettes et des gants de protection pour éviter de vous blesser. Les échantillons, spécialement les cristaux délicats, doivent être emballés dans du papier journal ou tout autre matériel protecteur, et placés dans des boîtes pour éviter qu'ils ne s'abîment pendant le transport.

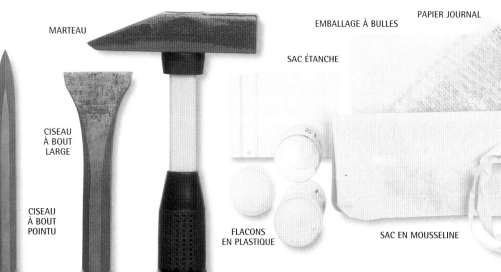

MARTEAU

EMBALLAGE À BULLES

PAPIER JOURNAL

SAC ÉTANCHE

CISEAU
À BOUT
LARGE

COUTEAU
SUISSE

CISEAU
À BOUT
POINTU

FLACONS
EN PLASTIQUE

SAC EN MOUSSELINE

PROPRIÉTÉS DES ROCHES ET MINÉRAUX

Les roches et les minéraux peuvent être organisés et identifiés par leurs propriétés respectives. Ces tableaux présentent quelques-unes des propriétés les plus importantes pour une large gamme de roches et de minéraux communs. Les roches sont groupées ici par origine (là où elles se forment) ; les minéraux, par leur composition chimique. Parfois, une seule propriété permet d'identifier l'échantillon ; la plupart du temps, une combinaison de plusieurs propriétés est nécessaire. Le basalte, par exemple, est classé comme une roche ignée, d'origine extrusive, basique, et identifié par sa couleur sombre et son grain fin.

@ M
Roche :
propriétés

ROCHES

IGNÉES

NOM	ORIGINE	GRANULOMÉTRIE	CLASSIFICATION	GISEMENT	COULEUR
Granite	Intrusive	Grossier	Acide	Pluton	Claire, moyenne
Diorite	Intrusive	Grossier	Intermédiaire	Pluton, dyke	Moyenne, sombre
Syénite	Intrusive	Grossier	Intermédiaire	Pluton, dyke	Claire, sombre
Gabbro	Intrusive	Grossier	Basique	Pluton	Moyenne
Dolérite	Intrusive	Moyen	Basique	Dyke, sill	Sombre
Rhyolite	Extrusive	Fin	Acide	Volcan	Claire
Obsidienne	Extrusive	Très fin	Acide	Volcan	Sombre
Péridotite	Intrusive	Grossier	Ultrabasique	Pluton, dyke, sill	Sombre
Andésite	Extrusive	Fin	Intermédiaire	Volcan	Moyenne
Basalte	Extrusive	Fin	Basique	Volcan	Sombre
Tuf	Pyroclastique	Fin	Acide à basique	Volcan	Moyenne
Ponce	Extrusive	Fin	Acide à basique	Volcan	Moyenne

MÉTAMORPHIQUES

NOM	ORIGINE	GRANULOMÉTRIE	CLASSIFICATION	PRESSION	TEMPÉRATURE	STRUCTURE
Ardoise	Montagnes	Fin	Régional	Basse	Basse	Foliée
Schiste	Montagnes	Moyen	Régional	Moyenne	Basse à modérée	Foliée
Gneiss	Montagnes	Grossier	Régional	Haute	Haute	Foliée, cristalline
Amphibolite	Montagnes	Grossier	Régional	Haute	Haute	Foliée, cristalline
Marbre	Auréoles de contact	Fin, grossier	De contact	Basse	Haute	Cristalline
Cornéenne	Auréoles de contact	Fin	De contact	Basse à haute	Haute	Cristalline
Quartzite métamorphique	Auréoles de contact	Moyen	De contact	Basse	Haute	Cristalline

SÉDIMENTAIRES

NOM	ORIGINE	GRANULOMÉTRIE	CLASSIFICATION	FOSSILES	GRAINS
Conglomérat	Marine, eau douce	Très grossier	Clastique	Très rares	Arrondis
Grès	Marine, eau douce, continentale	Moyen	Clastique	Invertébrés, vertébrés, plantes	Anguleux, arrondis
Schiste argileux	Marine, eau douce	Fin	Clastique	Invertébrés, vertébrés, plantes	Anguleux Anguleux
Limon	Marine, eau douce, continentale	Fin	Clastique	Invertébrés, vertébrés, plantes	Anguleux
Argile	Marine	Moyen, grossier	Chimique	Invertébrés	Arrondis
Craie	Marine	Fin	Organique	Invertébrés, vertébrés	Arrondis, anguleux
Dolomite	Marine	Moyen, fin	Chimique	Invertébrés	Cristallins
Travertin	Continentale	Cristallin	Chimique	Rares	Cristallins
Anthracite	Continentale	Moyen, fin	Organique	Plantes	Amorphes

MINÉRAUX

NOM	FORMULE CHIMIQUE	DURETÉ	DENSITÉ	CLIVAGE	CASSURE
ÉLÉMENTS NATIFS					
Or	Au	$2_{1/2}$–3	19,3	Aucun	Esquilleuse (bords irréguliers)
Argent	Ag	$2_{1/2}$–3	10,5	Aucun	Esquilleuse
Cuivre	Cu	$2_{1/2}$–3	8,9	Aucun	Esquilleuse
Soufre	S	$1_{1/2}$–$2_{1/2}$	2,0–2,1	Basal imparfait	Irrégulière à conchoïdale
Diamant	C	10	3,52	Octaédrique parfait	Conchoïdale
Graphite	C	1–2	2,1–2,3	Basal parfait	Irrégulière
SULFURES					
Galène	PbS	$2_{1/2}$	7,58	Cubique parfait	Subconchoïdale
Pyrite	FeS_2	6–$6_{1/2}$	5,0	Indistinct	Conchoïdale à irrégulière
SULFATES					
Gypse	$CaSO_4.2H_2O$	2	2,32	Parfait	Esquilleuse
Baryte	$BaSO_4$	3–$3_{1/2}$	4,5	Parfait	Irrégulière
Wolframite (tungstate)	$(Fe,Mn)WO_4$	4–$4_{1/2}$	7,1–7,5	Parfait	Irrégulière
HALOGÉNURES					
Halite	NaCl	2	2,1–2,2	Cubique parfait	Irrégulière à conchoïdale
Fluorine	CaF_2	4	3,18	Octaédrique parfait	Conchoïdale
OXYDES					
Spinelle	$MgAl_2O_4$	$7_{1/2}$–8	3,5–4,1	Aucun	Conchoïdale à irrégulière
Hématite	Fe_2O_3	5–6	5,26	Aucun	Irrégulière à subconchoïdale
Corindon	Al_2O_3	9	4,0–4,1	Aucun	Conchoïdale à irrégulière
Pérovskite	$CaTiO_3$	$5_{1/2}$	4,01	Imparfait	Subconchoïdale à irrégulière
CARBONATES, NITRATES ET BORATES					
Calcite	$CaCO_3$	3	2,71	Parfait	Subconchoïdale
Malachite	$Cu_2CO_3(OH)_2$	$3_{1/2}$–4	4,0	Parfait	Subconchoïdale à irrégulière
Nitratite	$NaNO_3$	$1_{1/2}$–2	2,27	Parf. rhombohédrique	Conchoïdale
Ulexite	$NaCaB_5O_6(OH)_6.5H_2O$	$2_{1/2}$	1,96	Parfait	Irrégulière
PHOSPHATES					
Turquoise	$CuAl_6(OH)_8(PO_4)_4.4H_2O$	5–6	2,6–2,8	Bon	Conchoïdale
Apatite	$Ca_5(PO_4)_3(F,Cl,OH)$	5	3,1–3,2	Mauvais	Conchoïdale à irrégulière
SILICATES					
Quartz	SiO_2	7	2,65	Aucun	Conchoïdale à irrégulière
Opale	$SiO_2.nH_2O$	$5_{1/2}$–$6_{1/2}$	1,9–2,3	Aucun	Conchoïdale
Olivine	$(Fe,Mg)_2SiO_4$	$6_{1/2}$–7	3,27–4,32	Imparfait	Conchoïdale
Grenat (pyrope)	$Mg_3Al_2(SiO_4)_3$	$6_{1/2}$–$7_{1/2}$	3,4–4,3	Aucun	Irrégulière à conchoïdale
Béryl	$Be_3Al_2Si_6O_{18}$	7–8	2,6–2,9	Indistinct	Irrégulière à conchoïdale
Hornblendes	$Ca_2(Mg,Fe)_5(Si,Al)_8O_{22}(OH)_2$	5–6	3–3,41	Parfait	Irrégulière
Diopside	$CaMgSi_2O_6$	$5_{1/2}$–$6_{1/2}$	3,22–3,38	Bon	Irrégulière
Muscovite	$KAl_2(AlSi_3O_{10})(OH,F)_2$	$2_{1/2}$–3	2,77–2,88	Basal parfait	Irrégulière
Kaolinite	$Al_2Si_2O_5(OH)_4$	2–$2_{1/2}$	2,6–2,63	Basal parfait	Irrégulière
Orthose (orthoclase)	$KAlSi_3O_8$	6–$6_{1/2}$	2,55–2,63	Parfait	Irrégulière à conchoïdale
ORGANIQUE					
Ambre	Mélange de résines	$2_{1/2}$	1,08	Aucun	Conchoïdale

GLOSSAIRE

Abrasion Processus d'usure d'une surface, une roche par exemple.

Acide Relatif à une roche ayant une forte teneur en silice.

Âge glaciaire Période très froide dans l'histoire de la Terre, quand de vastes calottes glaciaires recouvraient de vastes parties du monde. La période glaciaire la plus récente, qui a duré environ 100 000 ans et s'est terminée il y a 12 000 ans, affectait la plus grande partie de l'Amérique du Nord et du nord de l'Europe.

Alliage Combinaison de deux ou plusieurs métaux. Par exemple le bronze (cuivre et étain) est un alliage courant, tout comme l'acier inoxydable (fer et chrome).

Altération climatique Lente destruction d'une roche après une exposition aux intempéries, comme l'humidité, le gel ou les pluies acides.

Amygdale Cavité dans une lave ou une roche pyroclastique contenant des minéraux, comme la calcite ou le quartz.

Astéroïde Morceau de roche plus petit qu'une planète, en orbite autour du Soleil.

Asthénosphère Partie rocheuse partiellement fondue du manteau supérieur, juste sous la lithosphère.

Atmosphère Couches de gaz qui entourent la Terre ou une autre planète.

Auréole de contact Zone autour d'une large intrusion ignée où la roche a été altérée par la chaleur d'un magma.

Basique Relatif à une roche à faible teneur en silice.

Batholite Grande intrusion (plus de 100 km²) dans la croûte terrestre.

Cañon Vallée profonde avec des pentes abruptes, creusée en général par un cours d'eau.

Chambre magmatique Réservoir souterrain de magma. Il peut se retrouver à la surface, lorsque la lave durcit et forme un pluton.

Chevauchement Faille par rapport à laquelle un bloc chevauche l'autre. Si l'angle est plus pentu que 45°, c'est une faille inverse.

Chondrite Roche météoritique contenant de petits granules de pyroxène et d'olivine. Ces roches sont parmi les plus anciens « objets » jamais trouvés.

Ciment Matériau qui durcit au séchage et qui lie les particules dans une roche sédimentaire. Le ciment est aussi un matériau utilisé dans la construction, fabriqué à partir de chaux en poudre et d'argile.

Cimentation Étape de la lithification où le ciment colle les particules.

Clivage Manière dont une roche ou un minéral se casse selon un certain plan (direction).

Combustible fossile Charbon, pétrole et gaz naturel, qui se sont formés à partir des plantes décomposées enfouies profondément dans le sol.

Compaction Étape de la lithification où l'eau et l'air sont expulsés des sédiments enfouis par le poids des dépôts supérieurs.

Couche Fin niveau géologique de roche sédimentaire.

Cristal Substance solide avec une forme régulière et aux faces symétriques. Les cristaux se développent de nombreuses façons, par exemple quand le matériau fondu refroidit ou quand une solution contenant un minéral dissous s'évapore. Les gros cristaux croissent très lentement.

Croûte terrestre Couche rigide extérieure de la Terre. Elle est divisée en une croûte continentale épaisse et vieille (principalement du granite) et une plus fine et plus récente, la croûte océanique (principalement du basalte).

Décrochement Faille entre deux blocs qui glissent l'un sur l'autre. Un grand décrochement qui a lieu à la limite entre deux plaques lithosphériques s'appelle une faille décrochante.

Delta Zone en forme d'éventail où se déposent les sédiments, et qui se développe à l'embouchure d'un cours d'eau, lorsqu'il se sépare en différents bras avant d'entrer dans le lac (rivière) ou dans la mer (fleuve).

Densité Rapport du poids d'un minéral avec le poids du volume équivalent d'eau.

Déposition Chute des sédiments qui ont été transportés par l'eau, le vent et la glace (glacier), quand ils perdent de la vitesse et de l'énergie.

Dérive des continents Lent mouvement des continents à la surface de la Terre.

Diaclase Fissure dans la roche, généralement verticale, causée par de petits mouvements dus à un rétrécissement ou à une dilatation de la roche.

Discordance Cassure remarquable dans une séquence sédimentaire, due à une interruption dans la sédimentation.

Dyke Intrusion ignée fine qui traverse d'anciennes structures rocheuses.

Éclat Façon dont un minéral reflète la lumière à sa surface.

Élément Substance, par exemple le fer, qui ne peut pas être décomposée en une substance plus simple encore.

Élément natif Élément qui se trouve naturellement à l'état de minéral dans sa forme pure. Exemple : l'or.

Érosion Lente destruction des roches par l'eau, la glace et le vent.

Évaporite Sel naturel ou minéral laissé après que l'eau dans laquel il était dissous s'est évaporée.

Expansion du plancher océanique Ouverture graduelle d'un océan en une nouvelle croûte océanique, au niveau de la ride médio-océanique.

Faciès Aspect général d'un minéral. On dit également « habitus ».

Faille Grande fissure dans la roche provoquée par le mouvement des masses rocheuses.

Faille normale Faille entre deux blocs de roche permettant à l'un des deux de glisser vers le bas.

Felsique Relatif aux roches ignées riches en feldspaths et en quartz.

Foliation Motifs plissés causés par l'agencement des cristaux dans les roches métamorphiques.

Fosse Trou profond dans le plancher océanique.

Fossiles Empreintes ou restes de plantes ou d'animaux minéralisés.

Fracture Façon de se casser d'un minéral.

Frontière de plaque Là où les plaques lithosphériques se rencontrent dans la croûte terrestre. Il existe trois types de frontières de plaque : convergente (là où les plaques se rencontrent), divergente (là où les plaques se séparent) et décrochante (là où les plaques glissent l'une par rapport à l'autre).

Gemme Minéral, souvent cristallin, comme le diamant ou le rubis, qui est recherché pour sa couleur, son éclat, sa rareté et sa dureté.

Géode Cavité dans la roche recouverte de cristaux ou autres matières minérales.

Géologue Personne qui étudie la Terre.

Glacier Masse mouvante de glace qui bouge doucement et qui s'est formée par le compactage de la neige sur la montagne ou à proximité des pôles terrestres.

Habitus Voir Faciès.

Idiochromatique Minéral qui a toujours la même couleur à cause de sa composition chimique. Un minéral (comme le quartz) qui change de couleur est dit allochromatique.

Inclusion Petit cristal ou fragment de minéral emboîté dans un autre.

Karstique, relief Paysage calcaire, caractérisé par des falaises érodées, des gorges et des grottes spectaculaires.

Lave Magma qui s'écoule à la surface de la Terre à travers une ouverture volcanique.

Lithification Processus qui transforme des sédiments non consolidés en roche grâce au compactage et à la cimentation de ce sédiment pendant des millions d'années.

Lithosphère Partie solide, la plus externe de la Terre. Elle comprend la croûte et la partie supérieure du manteau.

Lœss Larges dépôts de sédiments fins, non consolidés, déposés par le vent.

Macle Quand deux ou plusieurs cristaux d'un même minéral croissent ensemble.

Mafique Relatif aux minéraux silicatés, riches en magnésium et en fer, formés dans le basalte et autres roches basiques et ultramafiques.

Magma Roche fondue sous la croûte terrestre qui se forme comme faisant partie du manteau en fusion.

Magnétosphère Champ magnétique qui se trouve autour et dans la Terre, créé par le mouvement du fer dans le noyau. Il protège la Terre du flux de particules provenant du Soleil.

Manteau Couche du milieu de la Terre, entre le noyau et la croûte. Les géologues pensent qu'elle est constituée de roches chaudes, denses, comme les péridotites.

Massif Minéral qui n'a pas de forme particulière ou de faces cristallines.

Matrice Fine masse de matériau dans laquelle de plus grands cristaux se développent.

Métamorphisme général Création de nouvelles roches métamorphiques sur une vaste région par la chaleur et la pression, surtout lors d'une orogenèse (mise en place des montagnes).

Météore Quand un météoroïde (roche et poussière dans l'espace) entre dans l'atmosphère terrestre, il devient un météore, ou étoile filante.

Météorite Météore qui s'est écrasé à la surface de la Terre.

Minéral Solide naturel présentant certaines caractéristiques, telles la composition chimique et la forme des cristaux. Les roches terrestres sont faites de minéraux.

Minerai Roche ou minéral dont un métal peut être extrait.

Nodule Forme ronde et dure qui se trouve dans les roches sédimentaires et qui est formée de calcite, de silice, de pyrite ou de gypse.

Noyau Centre chaud, dense et riche en fer de la Terre. Liquide sur l'extérieur et solide au centre.

Oolithe Grains petits et ronds qui peuvent constituer des roches sédimentaires.

Opaque Décrit les matériaux qui ne laissent pas passer la lumière.

Organique Relatif aux organes, aux tissus vivants.

Pâte Matériau compact, à grain fin, dans lequel des cristaux plus grands sont imbriqués.

Placer Gisement alluvial constitué de gravier ou de sable dans le lit d'une rivière, et qui peut abriter des minéraux de grande valeur, comme de l'or ou des diamants.

Plan de stratification Limite entre des couches sédimentaires qui se sont formées à différentes époques.

Plaine d'inondation Zone plane de chaque côté d'une rivière ou d'un fleuve, qui est couverte quand le cours d'eau est en crue.

Plaque lithosphérique Une des vingt plaques qui constituent la lithosphère.

Plis Courbures dans la stratigraphie causées par le mouvement des plaques lithosphériques.

Pluton N'importe quel corps de roche ignée intrusive.

Point chaud Site d'activité volcanique dans la croûte terrestre, loin des frontières de plaques, créé par le magma qui remonte du manteau supérieur.

Porphyrique Roche ignée qui contient de larges cristaux bien formés mélangés dans une matrice.

Précipitation Processus chimique par lequel une substance est déposée sous forme solide à partir d'une solution.

Prisme Figure géométrique avec une série de faces parallèles à l'un des axes. Un axe est une ligne imaginaire qui divise quelque chose en deux.

Pyroclastique Matériau comme de la roche et des cendres expulsées par une explosion volcanique.

Radioactivité Émission spontanée de radiations (rayons alpha, béta ou gamma) causée par la désintégration d'atomes instables de certains éléments, comme le métal uranium. Certaines radiations sont très dangereuses pour les humains.

Réfraction Courbure des rayons lumineux lorsqu'ils passent à travers une substance transparente.

Ride médio-océanique Longue chaîne de montagnes sous-marines qui se forme là où les plaques lithosphériques se séparent.

Roche Mélange solide de minéraux. Il existe trois types de roches : ignées, métamorphiques et sédimentaires.

Roche encaissante Roche qui entoure un dépôt minéral ou une intrusion ignée.

Roche ignée Roche formée quand le magma refroidit et se solidifie dans la croûte terrestre.

Roche ignée extrusive Roche qui se forme quand la lave d'un volcan se refroidit et se solidifie.

Roche ignée intrusive Roche ignée qui se forme sous la surface de la Terre.

Roche métamorphique Roche qui résulte de la transformation d'autres roches par la chaleur et la pression.

Roche sédimentaire Roche formée à partir de sédiments qui ont été enfouis et compactés par la pression exercée par la superposition des couches.

Sédiment Particules de roches, de minéraux ou de matières organiques transportées par le vent, l'eau ou la glace.

Sédiment clastique Particules de roches et de minéraux formées à partir de fragments érodés d'une roche cassée.

Silex Nodule de chaille (roche sédimentaire siliceuse à grain fin) qui se forme dans le calcaire. Il se casse bien et était utilisé par les hommes de l'âge de la pierre pour fabriquer des lames et des flèches.

Sill Intrusion mince et horizontale qui s'insère entre deux couches de roches.

Soulèvement Quand les structures rocheuses sont soulevées par les mouvements des plaques. Les sédiments formés sur le plancher océanique peuvent être soulevés et devenir des montagnes et des plaines.

Spath Minéral cristallin, facilement clivable, translucide ou transparent.

Spéléothème Structure, comme une stalactite ou une stalagmite, qui se forme dans une grotte par la précipitation de minéraux dissous.

Stromatolite Petits dômes qui présentent une succession de couches formées par d'anciennes bactéries.

Substrat rocheux Roche solide qui se trouve sous des dépôts non consolidés de sol et autres matières.

Symétrie Quand deux formes se correspondent parfaitement de part et d'autre d'un axe.

Translucide Substance qui laisse passer la lumière, mais la dévie de telle sorte que l'on ne peut pas voir clairement à travers.

Transport Déplacement de sédiments par une rivière, le vent, les vagues ou la glace.

Ultrabasique Relatif aux roches ignées qui contiennent moins de 45 % de silice.

Ultramafique Relatif à une roche ignée qui ne contient ni quartz ni (ou peu) de feldspath, constituée principalement d'olivine et de pyroxène.

Veine hydrothermale Fissure dans la roche à travers laquelle des eaux très chaudes circulent à cause de l'activité volcanique. Quand l'eau se refroidit, les minéraux commencent à cristalliser, formant les gemmes et minerais les plus recherchés.

Volcan Site d'une éruption de lave et de gaz chauds en provenance de l'intérieur de la Terre. Les écoulements de magma empruntent un passage central et s'épanchent sous forme de lave.

INDEX

REMERCIEMENTS

Crédits photographiques
L'éditeur voudrait remercier les personnes physiques et morales l'ayant aimablement autorisé à reproduire leurs photographies :

Abréviations :
t = tout en haut ; b = bas ; d = droite ;
g = gauche ; c = centre ; h = haut ;
e = extrême

8 : Corbis/R.L.Christiansen (g), Reuters/Will Burgess (bd) ; 8-9 : Corbis/Liz Hymans (t) ; 9 : Corbis (d), Georgina Bowater (cg), Peter Guttman (détail, c), Sally A. Morgan/Ecoscene (b) ; 10 : Corbis/Layne Kennedy (g) ; 11 : GeoScience Features Picture Library (tc), FLPA/Minden Pictures (d) ; 12 : Lonely Planet Images/Andrew MacColl (bc), British Geological Survey (bd) ; 13 : www.bridgeman.co.uk/ Cathédrale de Chartres, France (bc) ; Corbis/ Jonathan Blair (tg), Sandro Vannini (bd), Werner Forman Archive/University of Philadelphia Museum (bcg) ; 14 : Corbis/Raymond Gehman (hcd), Science Photo Library/Alfred Pasieka (ebcg), Dirk Wiersma (hcg, bcg), Stephen & Donna O'Meara (bg) ; 15 : Corbis/Bjorn Backe/Papilio (t) ; 16 : Science Photo Library/ Bernhard Edmaier (bd), Tom Van Sant/Planetary Visions/Geosphere Project (td) ; 17 : Ardea. com/François Gohier (bg), GeoScience Features Picture Library (cdb, bcd), Marli Miller/Department of Geological Sciences, University of Oregon (ebcg), Science Photo Library/Geospace (tg) ; 18 : Corbis/O. Alamany & E. Vicens (bcg), Roger Antrobus (bg) ; 18-19 : Impact Photos/Pamla Toler (t), Corbis/Jonathan Blair (c), W. Wayne Lockwood, M.D. (b) ; 19 : Ardea/Alan Weaving (td), Corbis (bcd), Phil Schermeister (bd), Yann Arthus-Bertrand (g) ; 20 : Corbis/Homer Sykes (td), Science Photo Library/2002 Orbital Imaging Corporation (hcg) ; 21 : Ardea/Jean-Paul Ferrero (tg), Bryan Sage (tc), Corbis/David Muench (c), Corbis/Digital image © 1996, courtesy of NASA (tcg), Gary Braasch (tcd), GeoScience Features Picture Library (td), Science Photo Library/B. Murton, Southampton Oceanography Centre (bcd) ; 22 : Corbis/Reuters (g) ; 23 : Natural Visions/Soames Summerhays (hcd), Corbis/Alberto Garcia (bg), Corbis/Digital image

© 1996, courtesy of NASA (cd), Roger Ressmeyer (tg, td), FLPA/USDA (cg) ; 24 : Corbis/Roger Ressmeyer (d) ; 25 : Corbis/Ric Ergenbright (t), Galen Rowell (cg) ; Geoscience Features Picture Library/RIDA (bcg), Marli Miller/Dept of Geological Sciences, University of Oregon (ebcg) ; 26 : The Art Archive/Staatliche Sammlung Ägyptischer Kunst Munich/Dagli Orti (c) ; 26-27 : Corbis/Joseph Sohm/Visions of America (b), 27 : Corbis/David Muench (td) ; 28 : Corbis : Galen Rowell (d), GeoScience Features Picture Library (hcg) ; 29 : Corbis/Détail du *David* de Michel-Ange/Arte & Immagini srl (bd), Wild Country (bg) ; 30 : Corbis/Hubert Stadler (b) ; 31 : Corbis/Steve Austin/Papilio (td), Richard Klune (cg), Sean Sexton Collection (cd), FLPA/Ken Day (bd) ; 32 : FLPA/Christiana Carvalho (g) ; 33 : Science Photo Library/Martin Bond (tg), Ardea.com/François Gohier (td) ; 34 : Corbis/Digital image © 1996, courtesy of NASA (td), M. L. Sinibaldi (bd), GeoScience Features Picture Library (c) ; 35 : FLPA/Mark Newman (t), Natural Visions (cd, bd) ; 36 : Corbis/Gianni Dagli Orti (bd) ; 36-37 : Getty Images/The Image Bank (t) ; 37 Ardea.com/Jean-Paul Ferrero (bd). Ian Beames (bcd), Bruce Coleman Ltd/Jules Cowan (td, hcd), Corbis/Sharna Balfour/Gallo Images (bg) ; 38 : Ardea.com/ François Gohier (hcd), Corbis/Jonathan Blair (b) ; 39 : Natural Visions (tg), Ardea.com/François Gohier (bcg, bcd), John Cancalosi (tc) ; 40 : Natural Visions/Heather Angel (hcd), Ardea. com/Kurt Amsler (b), Corbis/Bob Krist (tg), Science Photo Library/Andrew Syred (bg) ; 41 : Corbis/Michael St. Maur Sheil (bd), Roger Ressmeyer (hcd) ; 42 : Robert Visser (hcd) ; GeoScience Features Picture Library (cg, c) ; 42-43 : Science Photo Library/Jerry Lodriguss (t), Corbis/Charles & Josette Lénars (b) ; 43 : Corbis/NASA/JPL/Cornell/Zuma (bcd), Science Photo Library/David Parker (tg), Nasa/US Geological Survey (td) ; 44-45 : Corbis/Christine Osborne (t) ; 47 : Science Photo Library/Manfred Kage (bd) ; 50 : Corbis/Ludovic Maisant (c), Science Photo Library/Simon Fraser (b) ; 1 : Corbis/Michael Prince (tg), Tom Stewart (td), Science Photo Library/Charles D. Winters (c), Chemical Design (cg) ; 52 : Natural Visions/Heather Angel (cd), Ardea.com/E. Mickleburgh (bg), Royalty-Free/Corbis (bcg) ; 53 : Corbis/Douglas Whyte (tc), Gleb Garanich (cg), Nik Wheeler (bcd), Science Photo Library/ Charles D. Winters (bd), Scott Camazine (td) ; 54 : Corbis/Mike Simons (bc), Sandro Vannini (g), Science Photo Library/Andrew Syred (bd), Rosenfeld Images Ltd (bcg) ; 55 : Corbis/ Bettmann (td), Paul A. Souders (bd), Wayne Lawler/Ecoscene (cd) ; 56 : Corbis/Jeff Vanuga (t), Royal Ontario Museum (bcd), Science Photo Library/Roberto de Gugliemo (bcg) ; 57 : Corbis/Lowell Georgia (tg), Reuters (bd) ; 58 : Corbis/James L. Amos (bg), Neil Rabinowitz (cg), NASA (bd), 60 : Corbis/Sergio Pitamitz (b) ; 61 : Corbis/Dave G. Houser (b) ; 62 : Corbis/Tim Graham (tg) ; 63 : Corbis/Koopman (cg), Ron Watts (cd), Roger Ressmeyer (bg) ; 64 : Corbis/Sandro Vannini (g) ; 64-65 Geophotos/ Tony Waltham (b) ; 66 : British Museum/Dorling Kindersley (tg), Corbis/Angelo Hornak (b), Maurice Nimmo/Frank Lane Picture Agency (cd),

GeoScience Features Picture Library (hcg) ; 67 : Corbis/Owen Franken (hcd) ; 68 : Corbis/Kevin Shafer (t), Impact Photos/Alain Evrard (cd), Science Photo Library/David Nunuk (bc) ; 69 : ©Christie's Images Ltd (tc), Corbis/Richard Hamilton Smith (bd), William Taufic (cg) ; 70 : Science Photo Library/Arnold Fisher (cg), Keith Kent (hcd) ; 71 : INAH/Dorling Kindersley (c), Science Photo Library/Biophoto Associates (cg), Lawrence Lawry (bd), Sidney Moulds (bg) ; 72 : Alamy Images/Keren Su/China Span (bg), Corbis/Francis G. Mayer (cd), Jose Manuel Sanchis Calvete (cg), Maurice Nimmo/Frank Lane Picture Agency (t) ; 73 : www.bridgeman. co.uk/Osterreichische Nationalbibliothek, Vienne, Autriche (bd), Leeds Museums and Art Galleries (Temple Newsam House), UK (td), Corbis/Archivo Iconografico, S. A (tg), Richard T. Nowitz (bg) ; 74 : ©Christie's Images Ltd (td), Corbis/Jack Fields (bd), Reuters (bcg), Roger Garwood & Trish Ainslie (ecg) ; 75 : The Art Archive/Central Bank Teheran/Dagli Orti (tg), Judith Miller/Dorling Kindersley/Fellow & Sons (hcg), V & A Images/Victoria and Albert Museum (bcg) ; 76 : www.bridgeman.co.uk/ Hermitage, St-Pétersbourg, Russie (td, ecd), Oriental Museum, Durham University, UK (cg) ; 76-77 : Corbis/Asian Art & Archaeology, Inc (b) ; 77 : Construction Photography.com/Adrian Sherratt (bcg), Corbis/Hans Georg Roth (hc), The Art Archive/Acropolis Museum Athens/Dagli Orti (d), Impact Photos/Alan Keohane (tg) ; 78 : Werner Forman Archive/British Museum (t), Akg-images/Erich Lessing (cd), Corbis/Bettmann (bg), Werner Forman (cg) ; 79 : Akg-images/ British Library (td), Corbis/David Cumming/Eye Ubiquitous (tc), Hulton-Deutsch Collection (tg), Robert Estall (bg), Stapleton Collection (cd) ; 80 : Corbis/Alex Steedman (g), Paul A. Souders (d) ; 81 : Action Plus/Glyn Kirk (td), Corbis (bcd), Charles E. Rotkin (bg), Guy Motil (tc), James L. Amos (cg), Photomorgana (tg) ; 82 : Corbis/ Bill Ross (g), Macduff Everton (td), Ted Spiegel (bd), ImageState/Pictor/StockImage (bg) ; 83 : Judith Miller/Dorling Kindersley/Sloans & Kenyon (tc), Corbis/Charles E. Rotkin (cg), Christina Louiso (bcg), Jan Butchofsky-Houser (bc), Morton Beebe (cd), Michael and Patricia Fogden (tg) ; 84 : Construction Photography. com/Chris Henderson (bd), Royalty-Free/ Imagestate (bc), Royalty-Free/Getty Images/ Photodisc Blue (bg) ; 85 : Corbis/Brownie Harris (bd), Edifice (td), Royalty-Free/Corbis (cd, bg, bc) ; 86 : Corbis/Peter Johnson (cd), OSF/ photolibrary.com (cg), Science Photo Library/ Microfield Scientific Ltd (bd) ; 87 : Corbis/Layne Kennedy (bg), Royalty-Free/Corbis (bd), Science Photo Library/Innerspace Imaging (tg), Insolite Realite (cg) ; 88 : Corbis/Roger Ressmeyer (td, bd), Science Photo Library/Paolo Koch (cg) ; 89 : Corbis/Jonathan Blair (tg), Layne Kennedy (cd), Science Photo Library/Geoff Lane/CSIRO (cg).

Images de couverture
1er plat Science Photo Library : Lawrence Lawry (g), Corbis : Jonathan Blair (cd), Corbis : Joseph Sohm/ChromoSohm Inc. (d).
Dos Corbis : Joseph Sohm/ChromoSohm Inc. (c).

Toutes les autres illustrations sont la propriété de ©Dorling Kindersley.